Rainer Lunau

Nordwand

Eine wahren Geschichte

Roman zum Film von
Philipp Stölzl
nach dem Drehbuch von
Benedikt Röskau, Christoph Silber,
Rupert Henning, Philipp Stölzl
und Johannes Naber

aufbau taschenbuch
AUFBAU VERLAGSGRUPPE

ISBN 978-3-7466-2431-0

Aufbau Taschenbuch ist eine Marke
der Aufbau Verlagsgruppe GmbH

1. Auflage 2008

Umschlaggestaltung morgen. Kai Dieterich
unter Verwendung
des Plakatmotivs zum Film »Nordwand«.
Design isaraufwärts. © 2008 Majestic Filmverleih
Druck und Binden CPI Clausen & Bosse, Leck
Printed in Germany

www.aufbau-verlagsgruppe.de

»Keinem Tod das Leben schenken.«

Motto aus Toni Kurz' Tourenbuch

»Wen die Berge lieben, den behalten sie.«

Bergsteigerspruch

New York, April 1949

»Ich höre nichts«, sagte Luise. Sie stand im Dachgeschoss eines Wohnhauses in Brooklyn und schaute durch den Sucher ihrer Kamera.

»Wie meinen Sie das?«, fragte der junge Mann.

»Es reicht nicht, wenn Sie die Luft in Ihre Backen quetschen, Sie müssen auch reinblasen in das Saxophon, sonst hört man nichts.«

»Macht das einen Unterschied auf dem Foto?«

»Es macht einen Unterschied in meinem Kopf, und das sieht man am Ende auf dem Bild.«

»Wie Sie meinen, Lady.« Der schwarze Musiker ließ die Klappen seines Instruments rasseln, raste eine Blue-Note-Skala hinauf und wieder herunter. Oh je, dachte Luise, eigentlich müsste ich ihm sagen, er soll in zehn Jahren wiederkommen, wenn er gelassener geworden ist. Der Musiker wollte Luise wohl beeindrucken. Aber sie musste ihn dazu bringen, die fremde Umgebung zu vergessen, die Frau hinter der Kamera, das Fotostudio. Fotostudio – eigentlich nur ein weitläufiges Mansardenzimmer, durch das ein großes Laken gespannt war, als neutraler Bildhintergrund und vor allem als Versteck für Bett und Gaskocher.

Plötzlich schwand das Licht. Luise sah aus dem Fenster: Dunkle Gewitterwolken hatten sich vor die Frühlingssonne geschoben. Luise fotografierte am liebsten mit natürlichem Licht, das sie durch leichte Gazevorhänge brach, um harte Schatten zu vermeiden.

»Wir müssen einen Moment warten«, sagte sie. Der junge Mann spielte weiter. Wie alt mochte er sein? Neunzehn, zwanzig? Dreiundzwanzig? So alt wie Toni damals?

Das Telefon klingelte. Luise zögerte. Wenn sie arbeitete, ging sie grundsätzlich nicht ans Telefon. Aber der Saxophonist schien durch das Läuten irritiert, also meldete sie sich.

»Luise?«, fragte eine Männerstimme. Es war Ernest.

»Darf ich dich heute Abend abholen, so gegen neun?«

»Wozu?«, fragte Luise kühl.

»Ich möchte dich sehen.«

»Ich glaube, ich werde dann noch zu arbeiten haben.«

»Glaubst du es, oder weißt du es?«

Luise schwieg. Ernest brachte sie immer in Verlegenheit. Er war sechs Jahre älter als sie, und dass Luise ihn seit anderthalb Jahren zurückwies, überspielte er stets mit Humor. Als wüsste er, dass er ihr gefiel und es ihr von Mal zu Mal schwerer wurde, ihn auf Abstand zu halten.

Luise hatte eine schwierige Zeit hinter sich, den Kampf um das Visum, die Schiffspassage, Visitationen, Befragungen und die obligatorische Entlausung auf Ellis Island, jenem Nadelöhr vor Manhattan, durch das alle Einwanderer mussten, um ins »gelobte Land« zu kommen. Als sie endlich Fuß in New York gefasst, ihr kleines Studio eingerichtet hatte und erste Aufträge bekam, brach der Krieg aus. Als Deutsche wurde sie auf offener Straße angespuckt, sogar von Internierung war die Rede …

Aber nun herrschte endlich wieder Frieden, neue Aufträge kamen herein, und sie hatte manchmal Lust, sich einfach treiben zu lassen, das Leben zu genießen, warum nicht mit diesem Ernest? Aber dann dachte sie wieder an Toni – und war wie gelähmt. Jeden Abend schlief sie ein in der Hoffnung, die Zeit würde die Wunden heilen, und jeden

Morgen erwachte sie, um festzustellen, dass ihre Sehnsucht und ihre Schuldgefühle schlimmer waren denn je. Warum nur hatte sie ihn damals nicht angelogen unter dem Seil, dieses eine Mal? Dann wäre vielleicht alles anders gekommen ... Sie hätte sich diese Schwäche nicht erlauben dürfen.

Manchmal erschrak sie, wie die Bilder ihrer Erinnerung zu verblassen schienen, dass sie Tonis Gesicht nicht mehr richtig vor sich sah, die hohe Stirn, die entschlossen zusammengepressten Lippen. Dieses Vergessen kam ihr wie Verrat vor. Es gibt Fehler, die nicht gutzumachen sind, dachte sie, die Zeit heilt eben nicht alle Wunden.

Eine Swingmelodie in einem hohen Register holte Luise in die Gegenwart zurück. »Wie alt sind Sie?«, fragte sie den Saxophonisten.

»Neunzehn«, sagte er, lutschte wieder an seinem Mundstück und ließ das Instrument krächzen.

»Ist es so gut?«, fragte er.

»Ich fotografiere noch nicht, aber spielen Sie doch einfach noch ein bisschen.«

Luise sah hinaus. Das Wetter würde nicht mehr besser werden. Sie musste wohl oder übel die Scheinwerfer benutzen. Sie baute zwei Strahler auf und platzierte einen Reflektor unter dem Gesicht des Jungen. Dieser verfiel plötzlich in eine Improvisation über ein ganz unscheinbares Motiv. Eine Quart aufwärts, dann in Sekunden zurück zur Tonika, musikalisch banal, als würde er sich für einen Moment ausruhen, um dann wieder jedem einzelnen Ton nachzuhorchen, als hätte er dessen Bedeutung noch nicht begriffen. Luise drückte auf den Auslöser, spannte, drückte wieder, ihr Herz klopfte, das war es, vielleicht passierte gerade etwas ganz Besonderes! Plötzlich waren in den Zügen des Jungen so viele Nuancen zu sehen, der ganze Kosmos seiner Musik. Oder hatte sie sich das nur eingebildet? Luise verschoss den Film, verabschiedete den jungen Saxophonisten und sagte, sie würde die Abzüge direkt an das Platten-Label schicken.

Sie ging in ihr kleines Badezimmer, das sie als Dunkelkammer eingerichtet hatte, füllte Entwickler in die Dose und spannte den Film ein. Während sie die Dose schüttelte, machte sie Licht und holte Tonis Tourenbuch hervor. Ein Bild von Toni mochte sie besonders, sie hatte es 1936 aufgenommen. Seine schwarzen, wilden Locken, die so gar nicht zu dem sanften, fast verschreckten Blick passten. Dieses Bubengesicht, das dennoch über eines nicht hinwegtäuschen konnte: seinen unbändigen Willen.

Luise schaute hinaus über die rostbraunen Gebäude, die im Regen fast schwarz zu glänzen schienen. Sie betrachtete die Fugen in den Klinkerfassaden und stellte sich Tonis Finger- und Zehenspitzen vor, die in den winzigen Ritzen Halt suchten. Der Regen vor ihrem Fenster ging allmählich in Schnee über, und sie meinte, die Gänsehaut auf der nackten Haut zu spüren, wenn die Felsen glitschig wurden und die Muskeln steif.

I.

»Warum wollen Sie denn auf den Gipfel?«
»Weil er da ist.«

George Lee Mallory auf die Frage, warum er den Mount Everest besteigen wolle.

Berchtesgaden, Mai 1936

Toni stand da und kochte vor Wut.

»Warum regst du dich so auf?«, fragte Andreas. Toni wusste es selbst nicht. Der Tag hätte nicht schöner sein können. Endlich frei, kein Dienst in der Kaserne, auch der Großvater brauchte ihn ausnahmsweise einmal nicht auf den Wiesen, und die Hasen hatte er schon um halb sechs gefüttert. Sie hatten einen ganzen Tag zum Klettern, bei idealen Bedingungen: Strahlendblauer Himmel, laue Frühlingsluft, eine Woche lang hatten sie auf diesen Moment gewartet, und da stand Toni vor der Wand und konnte seine Wut nicht im Zaum halten.

»Natürlich schaffen wir das«, sagte Andreas immer wieder und lachte dabei.

»Ja, aber wie? Wie willst du denn über diesen Überhang da oben kommen?«, fragte Toni.

Sie standen vor dem Hochthron, ihrer »Hauswand«, die sich sieben Kilometer nördlich von Berchtesgaden erhob. Der Gipfel, 1973 Meter über dem Meeresspiegel, war der höchste des Unterbergmassivs, ein idealer Aussichtspunkt, von dem aus man den Berchtesgadener Talkessel, die Chiemgauer Alpen, das Salzkammergut und das Tennengebirge überblicken konnte. Berühmt war der Hochthron aber nicht nur für die atemberaubende Aussicht, die man von seinem Gipfel aus hatte, sondern auch wegen seiner ungewöhnlichen Form: Auf dem gewaltigen grünen, leicht zu erklimmenden Hügel sitzt, wie ein Hut, ein Felsmassiv, mit fast senkrechten, zweihundert Meter hohen Wänden – das eigentliche Ziel der Kletterelite. Wann immer Toni und Andreas Zeit hatten, kamen sie hierher. Von Berchtesgaden waren es nur ein paar Minuten mit dem Fahrrad. Nach und nach hatten sie alle möglichen Routen ausprobiert. Es gab kaum jemanden, der den Hochthron besser kannte als Toni Kurz und Andreas Hinterstoisser. Aber an diese Stelle hatte sich noch keiner gewagt. Nicht einmal die alten Hasen.

»Wir schlagen unten zwei Mauerhaken, die wir als Tritte benutzen«, sagte Andreas.

»Du weißt, das mache ich nicht. Das entspricht nicht meinem Stil.«

»Klettern ist doch keine Stilfrage.«

»Doch. Unter anderem. Haken zur Sicherung, das ist okay, aber ich schlage an einer Stelle, wo der Fels zu wenig Halt bietet, keine Haken als Griff oder Tritt. Den Felsen muss man so respektieren, wie er da ist.«

»Das ist doch verbohrt. Du bringst uns um eine sensationelle Erstbegehung«, sagte Andreas.

»Wir haben eine Woche Dienst hinter uns, Klettern auf Kommando. Ich will hier Frieden haben, mich erholen.«

»Dich erholen, das glaubst du doch selber nicht.«

Toni trat auf den Freund zu und sah ihm wütend in die Augen. Fast hätte er ihm eine gelangt, er wusste selbst nicht, warum. Sie hatten immer wieder »unmögliche« Routen ausprobiert, aber heute war es etwas anderes. Sein Gefühl warnte ihn, und auf sein Gefühl hatte er sich bisher immer verlassen können.

Toni schüttelte nur den Kopf. Er schaute die Wand hinauf. Sie war voller Überhänge und glatter Platten, in die kein Haken zu schlagen war, Bänder, die sich wie Simse mehr oder weniger waagerecht durch die Wand zogen, konnte man bestenfalls erahnen.

»Wir haben hier an der Basis eine Verschneidung, über die wir bequem ein Drittel der Wand raufkommen«, meinte Andreas.

»Und dann? Siehst du den Überhang da oben? Noch einmal: Ich schlage keine überflüssigen Haken als Tritte.«

»Okay, dann müssen wir halt queren.«

»Queren? Wie weit willst du denn queren?«

»Das sehen wir, wenn wir oben sind.«

»Wenn wir bis auf die Septembersäule queren, können wir gleich drüben einsteigen.«

Septembersäule nannten sie die Route, die sie im letzten Herbst erschlossen hatten. Einige der schwierigsten Routen in der Wand hatten sie als Erste gemeistert, die Südwestwand sogar schon vor zwei Jahren. Aber dieser Pfeiler war viel schwieriger.

»Das ist mindestens eine Sieben«, sagte Toni.

»Nach der Sechs kommt nun mal die Sieben.«

»Andi, das Erste, was ein Bergsteiger erkennen muss, sind die eigenen Grenzen.«

»Aber aus der Ferne erkennt man die nicht. Wer sagt dir denn, dass die Sechs unsere Grenze ist? Wir sichern einander, machen alles nach Lehrbuch. Es ist doch keine Gefahr dabei. Lass es uns einfach probieren.«

»Nein, habe ich gesagt.«

Toni ließ sich auf den Boden fallen, er hatte genug von dem Streit. Andreas setzte sich neben ihn, legte sich auf den Rücken und blinzelte ins Sonnenlicht.

»Gut, gehen wir halt die alte Route«, sagte Andreas, »aber unter einer Bedingung …«

»Die wäre?«

»Du sagst mir, warum du plötzlich so sauer auf mich bist.«

Toni stand auf.

Keine Wolke, eine leichte Frühlingsbrise, die seinen Nacken entlang strich und das Bimmeln der Kuhglocken herantrug. Die Wand müsste in sieben, acht Stunden zu schaffen sein, und so lange würden sie die Sonne im Rücken haben. Aber wenn sie am Überhang nicht weiterkämen – wie lange würde dann der Abstieg dauern? Würden sie es vor der Dämmerung schaffen?

Toni schloss die Augen, der Fels strahlte eine angenehme Wärme aus, seine Finger fuhren an seiner rauhen Oberfläche entlang. Wie er den Geruch des Hanfs liebte, die klare, würzige Luft, diese Reinheit und Stille, die mit jedem Höhenmeter intensiver wurde! Da oben war nicht nur die Luft klar, die ganze Welt wurde durchsichtig und friedlich. Inzwischen mochten sie gemeinsam zwanzig Mal diesen Gipfel erklommen haben, zu den verschiedensten Jahreszeiten, auf den verschiedensten Routen. Sie hatten das Tal unter sich in saftigen Frühlings-, in grellen Sommer- und in den warmen Herbstfarben gesehen, wenn eine fast gläserne Luft über dem Gebirge lag. Immer wieder sah die Welt neu aus von da oben, aber das Gefühl war immer dasselbe.

Toni schob seinen breitkrempigen Filzhut mit einer Lederkordel als Sturmriemen in den Nacken und lachte Andreas an.

»Lass es uns versuchen.«

»Dir fällt es leichter, eine Sieben zu klettern, als mir eine ehrliche Antwort zu geben, oder?«

»Ich gebe sie dir oben. Hier unten kann ich nicht nachdenken.«

Andreas lachte und nahm das Seil von der Schulter.

»Aber wenn wir unter dem Dach keinen sicheren Stand haben, dann kehren wir um«, mahnte Toni.

»Klar«, sagte Andreas.

»Und ich steige vor.«

»Jawohl, Herr Feldwebel.«

Sie hatten jeder ein Dreißig-Meter-Seil, zwei Reepschnüre und je fünf Mauerhaken. Andreas gab Toni seine Haken, während dieser sich das Seil um die Hüfte band. Andreas legte es sich über die Schulter, zog es unter der Achsel durch und prüfte den Zug. Dann ging es los.

Toni stellte sich an den Fuß der Wand und fuhr mit der offenen Handfläche über den Fels. Er war rissig und spröde, leicht zu greifen. Seine Finger fassten in den rauhen Kalkstein, zogen an den Kanten – solide. Die ersten Seillängen stieg Toni sehr gemächlich, er brauchte immer eine Weile, um seinen Rhythmus zu finden, und er achtete darauf, dass er keine Steine lostrat, die seinen Partner hätten treffen können.

Andreas war ungeduldig und gab viel zu früh Seil.

»Halt ordentlich auf Zug«, rief Toni.

»Willst du, dass ich dich einfach an deinen Haken hochziehe?«

Nach einer Stunde hatten sie ihre Harmonie gefunden, und Toni war glücklich. Es gab keinen besseren Partner als Andreas. Er hatte ein ganz besonderes Gefühl für die Kraft, die durch das Seil lief, das leichte Rucken, Ausschwingen, Nachlassen. Toni hasste es, wenn beim Klettern viel geredet wurde, auch die Kommandos ließen sich auf ein Minimum beschränken, und bei Andreas brauchte es nicht viele Worte: »Ich habe Stand« – »Nachkommen« – »Seil ein!«. Das Seil war wie ein Telegrafendraht zwischen ihnen, und Andreas gab mit traumwandlerischer Sicherheit das richtige Spiel oder zog, wenn es eng wurde. Tonis Beine schoben kräftig, seine Finger liefen über die Griffe wie auf einer Tastatur. Sein Atem ging ruhig und gleichmäßig, sein Auge lief den Händen voraus. Denken musste er nicht, nur manchmal fiel ihm ein, dass noch kein Mensch bisher diese Felsen berührt hatte. Je enger Toni sich an den Felsen schmiegte, desto leichter fiel ihm das Klettern, desto geringer war das Risiko, dass er einen Griff, einen kleinen Vorsprung, am dem die Finger Halt fanden, aus dem schrundigen Felsen zog. Er spürte, wie der Berg atmete, wie er sich unter den Sonnenstrahlen behaglich dehnte, die Gelenke knacken ließ. Dann tat es ihm fast leid, wenn er Haken schlagen musste. Dass er in das uralte, zerfurchte Antlitz der Wand kaltes Metall trieb. Sein Traum wäre ein Klettern ganz ohne Haken gewesen, so wie die Bergsteigerlegende Paul Preuß es propagiert hatte, aber das durfte er Andreas nicht sagen, denn der war verrückt genug, auch das auszuprobieren.

Nach drei Stunden hatten sie den Überhang erreicht. Toni fand ein Band, nur wenige Zentimeter tief und doch die einzige Stelle, an der man Stand hatte. Er schlug einen Sicherungshaken, seilte sich an und ließ Andreas nachkommen.

»Schau dir das an!«, rief er.

Der Überhang war gewaltiger als gedacht. Mindestens anderthalb Meter ragte er aus der Wand, und er verlief wie eine Hutkrempe nach beiden Seiten.

»Hier sind wir schon? Läuft ja prima.«

»Ja, prima«, gab Toni spöttisch zurück.

Sie standen nebeneinander auf dem schmalen Band und verschnauften. Der Wind fuhr eisig in ihre schweißnassen Kleider, und Andreas' unbekümmertes Grinsen war einem angespannten Blick gewichen. Welche Möglichkeiten gab es? Das Band war nur ein paar Meter lang, zu kurz, um sich an dem Überhang vorbeizuhangeln.

Unter ihnen tat sich der Abgrund auf. Sie schienen auf Luft zu stehen. Eine satte hellgrüne Fläche, über die der Wind silbrige Wogen schubste, ein paar Kühe, ein Holzzaun, alles winzig klein.

»Wir müssen umkehren«, sagte Toni und biss in sein Jausenbrot.

»Lässt du mich mal?« Andreas nahm das Brot, riss mit seinen Zähnen einen Kanten heraus und suchte kauend die Wand ab.

»Wir müssen einen Pendelquergang machen.«

»Damit kommen wir höchstens zehn Meter weiter nach links.«

»Wenn wir ordentlich pendeln, könnten es auch zwanzig werden. Siehst du die Nase da drüben?«

»Da komme ich niemals rüber«, sagte Toni.

»Aber ich.«

Toni schaute Andreas an. War das sein Ernst? Andreas war einundzwanzig Jahre alt, in seinem drahtigen Körper steckte mehr Kraft, als es den Anschein hatte, und er hatte Nerven aus Stahl. Aber das hier war keine Frage der Nerven. Das war tollkühn.

»Man muss mit dem Seil voll ausschwingen.«

»Ist mir klar, aber welcher Haken soll das denn halten?«

Andreas suchte bereits die Wand nach einem geeigneten Riss ab.

»Gib mal her.« Er nahm einen Haken und schlug ihn mit leichten federnden Bewegungen in die Wand. Schon nach wenigen Schlägen fing das Metall zu singen an: Der Haken saß fest. Aber er saß nicht tief.

»Wenn der ausbricht, fliegen wir beide aus der Wand.«

»Schlag gleich noch eine Sicherung dahinter.«

Toni tat es, überprüfte den Sitz des Hakens. Er bewegte sich nicht einen Millimeter. Wenn der erste ausbrach, würde dieser halten. Hoffentlich. Aber wenn das Seil riss? Toni spürte, wie die Angst in ihm hoch kroch. Und die Angst machte die Finger feucht und rutschig … Er war mit der Sicherung fest in der Wand verschnürt, aber Andreas musste frei über dem Abgrund baumeln.

»Fertig?«, fragte dieser. »Zug!«

Toni hatte noch nicht richtig ins Seil gegriffen, da hatte Andreas sich schon vom Fels gelöst, sauste schräg in die Tiefe und rannte mit seinen flinken Beinen über die Wand. Er schwang an dem Haken hin und her, und bei jeder Pendelbewegung schlug das Seil weiter zur Seite aus. Er griff nach der Nase – zu kurz. Er pendelte zurück und stürzte sich sofort wieder in die Tiefe, ließ sich von Haken und Seil auf einer sauberen Kreisbahn halten, auf der er wie eine Comicfigur über dem Abgrund strampelte.

»Der verrückte Hund«, dachte Toni lächelnd.

Nach dem Quergang übernahm Toni wieder die Führung. Und nach weiteren drei Stunden waren sie auf dem Gipfel. Wenn der Fels aufhörte und plötzlich nur noch Himmel übrig blieb – es löste jedes Mal aufs Neue dieses unbeschreibliche berauschende Gefühl in ihnen aus, die beiden schrien gegen den Wind an und umarmten einander. Dann zogen sie ihre Wollpullover über, packten die restlichen Brote, eine Tafel Schokolade und die Feldflaschen aus und schauten über die unendliche Weite zerklüfteter Gipfel. Berchtesgaden, das war erst der Anfang der Alpen. Danach kam Österreich, die Schweiz und vor allem die Dolomiten … Der Monte Rosa, den sie im Kino gesehen hatten, in Luis Trenkers »Der Sohn der weißen Berge«, in den Filmen von Leni Riefenstahl. Die Dolomiten galten als das ideale Terrain für moderne Felstechnik, die Italiener als exzellente Alpinisten, vielleicht die besten. Aber bis in die Dolomiten waren es Hunderte von Kilometern, und ihr Sold reichte noch nicht einmal für ordentliche Seile. Sicher, wenn sich Hitler und Mussolini nicht wegen Österreich zerstritten, dann mochte es vielleicht sogar einmal gemeinsame Lehrgänge der Gebirgsjäger geben.

»Also?«, fragte Andreas.

»Was also?«

»Du wolltest mir sagen, warum du so sauer warst.«

Toni schlug sich an den Kopf und lachte.

»Was ist?«

»Hab ich unterwegs doch glatt vergessen.«

Natürlich war das gelogen. Und Andreas wusste es.

Als Toni am Abend in der fast finsteren Stube saß, war er noch schweigsamer als gewöhnlich. Man hörte nur des Großvaters Zähne, die auf der kalten Pfeife kauten, manchmal klapperte die Großmutter in der Küche mit den Töpfen.

»Was ist, Bub? Habt ihr euch gezankt?«, fragte der Großvater, nachdem er Toni eine Weile beobachtet hatte.

»Du hast nicht einmal erzählt, wo ihr gewesen seid.«

»Am Hochthron, wie immer.«

Der Großvater nickte. Toni war nicht mehr wütend, auch nicht auf sich selbst. Die Müdigkeit lag ihm schwer, aber angenehm in den Gliedern. Es war ein Tag gewesen, für den sich die ganze Schinderei im Stall und in der Kaserne lohnte.

Toni war dem Kletterer Andreas Hinterstoisser zum ersten Mal in der Reiteralpe begegnet. Eigentlich hatte Toni die Einsamkeit genießen wollen. Er hatte gerade einen Lehrgang bei der Bergwacht hinter sich, war eine Woche auf Kommando geklettert, hatte Erste Hilfe, Sicherungs- und Abseiltechniken für Verletzte gelernt. Und nun freute er sich darauf, völlig allein und frei dieses schrundige Gipfelmassiv zu ersteigen, das einem grauen kariösen Backenzahn glich.

Es war ein kühler Septembermorgen gewesen, fast windstill, und Toni hörte über sich ein wildes Keuchen, manchmal schoss ein Stein die Wand hinunter, aber er hörte keine Stiefeltritte, und auch das Keuchen faszinierte ihn, es klang wie das eines Kindes, das selbstvergessen hinter einem Reifen oder einem Tier herrannte. Doch dieses Kind war so schnell, dass Toni kaum aufholen konnte.

Als er ihn erreichte, erkannte Toni, warum er nur den Atem gehört hatte. Andreas Hinterstoisser kletterte barfuß, selbst noch jetzt im September, wo es auf dem Gipfel nur noch zehn Grad waren. Und dieser Andreas schaute verblüfft auf Toni, denn er hatte nie erlebt, dass jemand noch schneller war als er selbst. Schweigend waren sie nebeneinander bis zum Gipfel gestiegen, instinktiv dieselbe Route wählend, oben hatten sie einander die Hand gegeben und gelacht.

Seitdem waren dreieinhalb Jahre vergangen, und Toni, als der Ältere, hatte Andreas alles beigebracht, was er über das Klettern wusste. Alles. Aber er spürte, dass damit ein Abschnitt ihrer Freundschaft zu Ende gegangen war, und das machte Toni fuchsteufelswild.

»Weißt du, manchmal denke ich, dass es dem Andreas mit mir irgendwann zu langweilig wird.«

»Du bist doch der verwegenste Spinner, der hier in der Gegend herumkraxelt.«

»Nein, Großvater, das stimmt nicht. Ist mir auch gleich, ob andere verwegener sind. Was ich nicht will, das ist: den Andreas als Seilpartner verlieren.«

»Und was sagt er dazu?«

»Nichts.«

»Wieso?«

»Wir haben nicht darüber geredet.«

»Dann wird's Zeit. Gute Nacht.«

Der Großvater stand auf und schlug Toni mit seiner rauen knochigen Pranke auf den Hinterkopf.

Luise stand an dem schmalen Tisch und schaufelte wütend Kaffeepulver in die Maschine, während die Herren Redakteure berieten, wie immer. Saßen in ihrem holzgetäfelten Konferenzraum mit den Panoramafenstern, qualmten Zigarren, schauten an die Decke und plusterten sich auf, redeten vom »deutschen Volk« und der »neuen Disziplin der Volksgemeinschaft«. Bis spät in die Nacht. Bis sie alle sturzbetrunken waren.

Dabei kannten sie das Volk nur aus Agenturmeldungen. Als wuselnde ameisengroße Punkte unten auf dem Trottoir vor dem Redaktionsgebäude. Und wenn ihnen einer der gehetzten, unterbezahlten Reporter einen Artikel über die Mietskasernen im Wedding oder die Unglücksfälle in der Montagehalle bei Borsig brachte, dann polterten sie, das sei doch nicht das Volk, das seien Randfiguren.

Luise hatte davon geträumt, selbst Reporterin zu werden, Fotoreporterin. Als sie mit klopfendem Herzen den Brief der »Berliner Zeitung« aus ihrem Briefkasten gefischt und von der Zusage für ein Volontariat gelesen hatte, war sie fast erschrocken. Sie wusste nicht, wie sie mit Toni darüber reden sollte, doch dieser war überraschend nachgiebig gewesen. Eine solche Chance dürfe sie nicht auslassen. Aber dass er mit nach Berlin kommen würde, war für ihn undenkbar. Er hasste Beton, Asphalt, Lärm und künstliches Licht. »Ich würde da vor die Hunde gehen«, hatte er gesagt, »was soll ich in Berlin?« Und wahrscheinlich hatte er recht gehabt. Sie selbst hatte sich im Grunde vor der riesigen Millionenstadt gefürchtet. Aber sie hatte geglaubt, nun könne sie endlich ihr Talent beweisen. Stattdessen stand sie in einer Ecke des Konferenzraumes und kochte

Kaffee. Die Maschine röchelte und zischte, und Luise sog den Duft des frischen Bohnenkaffees ein.

Dr. Wilhelm, der Redaktionsleiter, war aus irgendeinem Grund sauer, dauernd schrie er: Dafür habe er persönlich geradezustehen! Wofür, wusste Luise nicht. Wenn er überhaupt noch gerade stehen kann, dachte sie. Doch plötzlich wurde sie hellhörig. Sie vernahm vertraute Ortsnamen, es ging um ihre Heimat, Garmisch, Kochel wurden genannt.

Gottfried Henze, ein schmächtiger Kahlkopf von undefinierbarem Alter und mit stark durchbluteten Segelohren, sagte: »Kollege Schlüter und ich haben alle Alpenvereine durchtelefoniert. Fehlanzeige. Vielleicht ist es noch zu früh im Jahr.«

Darauf ein anderer: »Vielleicht sollte man die Kandidaten auf unserem Kreuzberg suchen, die Berliner Sektion hat doch erstklassige Burschen ausgebildet, vor allem in Studentenkreisen, wie ich höre. Welchen Schwierigkeitsgrad hat der Kreuzberg nach der neuesten Skala?«

Die Hornochsen brüllten. Die letzte Bemerkung hatte Henry Arau gemacht, ein schneidiger blonder Redakteur, der sich Luises anfangs sehr angenommen hatte, wegen ihrer »beeindruckenden Fotografien«, wie er sagte. Aber dann hatte er irgendwann gefragt, ob sie einen Verlobten habe und ob sie nicht einmal mit ihm ins Romanische Café kommen wolle. Sie hatte abgelehnt, von ihren Fotos war danach nie wieder die Rede gewesen.

Der Redaktionsleiter schlug wütend auf den Tisch.

»Gibt es einen Grund, der Ihre ausgelassene Stimmung rechtfertigen würde, meine Herren? Bei Ullstein wird man allmählich unruhig, allzu lange wird man unser Blatt nicht mehr finanzieren. Wir haben gerade mal ein Zehntel der Auflage der ›Morgenpost‹, aber Ullstein bekommt wegen unserer liberalen Gesinnung zunehmend Ärger. Wenn Sie sich politisch unbedingt unabhängig geben wollen, meine Herren, dann beweisen Sie wenigstens in den Randressorts ein wenig Patriotismus. Ist Ihnen allen klar, dass wir an einem Wendepunkt der Weltgeschichte stehen? In Europa geht das rote Gespenst um, die Tendenzen, die unser Führer zu Beginn seines Wirkens schon prophezeite, drohen überhandzunehmen. Die Bolschewiken in der Sowjetunion, gut, damit haben wir uns inzwischen abgefunden, die Russen sind nun einmal ein unterentwickeltes Volk, aber wenn die Linken sogar in Frankreich die Wahlen gewinnen, wenn sich das Gift des Anarchismus in einer erzkatholischen Nation wie Spanien ausbreitet, die Sozialisten, die Anarcho-Syndakalisten …«

Die Redakteure schauten gespannt, Henze hielt die Zigarette starr vor seinen Mund und wagte weder, einen Zug zu nehmen, noch sie abzulegen. Dr. Wilhelm hatte sich verhaspelt.

Arau grinste, und sein Chef fuchtelte mit einem Schreiben vor ihm herum.

»Wissen Sie, was das ist, Arau?« Arau betrachtete das Blatt.

»Mitteilung der Reichspressestelle: … aus gegebenem Anlass, dem Gebot der Stunde folgend, usw., usw. weisen wir hiermit die zuständigen Redaktionen an, das Thema der Erstbesteigung mit größter Aufmerksamkeit zu behandeln«, las Dr. Wilhelm vor.

Arau grinste immer noch.

»Ihnen wird das Grinsen noch vergehen. Sie bekommen von mir einen Sonderauftrag: Sie schreiben einen Bericht über den deutschen Erstbesteiger.«

»Wer soll denn bestiegen werden?«

Allgemeines Gelächter. Arau spielte mit dem Feuer.

»Erstbesteiger der Eigernordwand.«

»Und wer ist das?«

»Recherchieren, mein Guter, das gehört doch zu Ihrem Handwerk, oder haben Sie das schon verlernt? Vielleicht sollten Sie wieder einmal ein bisschen an die Front, was meinen Sie?«

Arau zuckte mit den Achseln.

»Ich kann mich mal beim akademischen Verein umhören.« Er sah, dass der Chef nach einer Zigarette suchte und bot ihm schnell eine an. Natürlich, dachte Luise, erst 'ne dicke Lippe riskieren und dann den Schwanz einziehen.

Henze sprang ihm bei: »Und die zwei aus Berchtesgaden, Henry? Hier flog doch dieses Lokalblatt rum, weiß nicht, wer das angeschleppt hatte, die zwei Gebirgsjäger.«

Arau runzelte die Stirn.

»Hinterstoisser hieß der eine, glaube ich, und der andere hatte einen Namen, der war ganz einfach, ganz ...«

»Kurz«, sagte Luise. Plötzlich waren alle Blicke auf sie gerichtet. Nur nicht rot werden, dachte sie, nur jetzt nicht rot werden. Sie spürte die Hitze aus ihrem gestärkten Blusenkragen steigen. Wie sie das hasste! Wenn es sein musste, hatte sie vor nichts Angst, aber rot wurde sie bei jeder Kleinigkeit.

»Wie kurz ist er denn?«

Wieder lachten sie dröhnend, diese Rindviecher.

»Die beiden heißen Andreas Hinterstoisser und Anton Kurz. Sie gehören zu den Besten im Reich.«

»Woher wollen Sie das wissen? Haben Sie sie schon klettern sehen?«

»Ja.«

Jetzt war es still im Raum.

»Warum machen sie den Eiger nicht?«

»Als ich sie das letzte Mal klettern gesehen habe, waren sie bei weitem noch nicht so gut, noch halbe Kinder.«

»Sie kommen aus der Gegend, Preußin sind Sie jedenfalls nicht, oder, Fräulein?«, fragte Dr. Wilhelm.

»Ich bin praktisch mit denen aufgewachsen, habe auch schon einige Touren mit ihnen gemacht, allerdings leichte Sachen.«

»Ach, leichte Sachen haben Sie mit denen gemacht?«

Einhelliges Geblöke. Luise wandte sich wieder dem Perkolator zu. Sollten die sich ihre Erstbesteiger doch selber suchen. Es war sowieso besser, wenn Andreas und Toni andere Touren kletterten.

Doch kaum war die Sitzung beendet und die Redakteure wieder in ihren Büros verschwunden, rief Arau sie zu sich.

Er saß hinter seinem Schreibtisch, auf dem ein Tohuwabohu aus fliegenden Blättern, alten Zeitschriften, Zeitungsausschnitten, vergessenen Aktenordnern und Kontaktabzügen herrschte, das in krassem Gegensatz zu seiner gepflegten, ja, beinahe geleckten Erscheinung stand. Arau trug immer einen Zweireiher mit Weste, goldene Krawattennadel und Manschettenknöpfe. Er war Mitte vierzig und sonnte sich in einer eingebildeten Wirkung auf Frauen, auch wenn er nicht müde wurde zu betonen, wie glücklich er verheiratet sei. Arau hatte sich Karten, Reiseführer, Fotos und Artikel aus dem Archiv kommen lassen. Er deutete auf eine alte Ausgabe des »Berchtesgadener Anzeigers« und sagte:

»Der ist alles andere als ein Anfänger, dieser Toni Kurz. Und lesen und schreiben kann er obendrein. Hier…« Arau las die Schlagzeile: »Die schwerste Kletterfahrt unserer Berge. Toni Kurz berichtet über eine neue alpine Leistung.«

»Das war im Mai«, sagte Luise.

»Das sehe ich. Warum haben Sie uns das denn nicht gesagt?«

»Ich war dabei, es zu sagen, aber Sie waren mehr an den leichten Sachen interessiert.«

Arau stutzte. Die Kleine traute sich was.

»Göll Nordwand, Matterhorn, Wartsteinkante, mir sagt das alles nicht viel.«

»Die Wartsteinkante war eine Erstdurchsteigung, galt bis dahin als unmöglich.«

»Wie die Eigernordwand.«

»Kann man so nicht vergleichen.«

»Warum?«

»Der Eiger, das sind fast zweitausend Höhenmeter, man muss mehrmals biwakieren.«

Arau sah sie verblüfft an. Hinter seiner Stirn arbeitete es.

»Kommen Sie bitte morgen um acht in mein Büro zur Besprechung.«

»Aber es ist jetzt schon nach Mitternacht.«

»Wie viel Schlaf brauchen Sie denn?«

Luise wollte protestieren. Um diese Zeit fuhr ihre Straßenbahn nicht mehr, sie würde nicht vor zwei im Bett sein. Aber was interessierte das den Herrn Arau?

Andererseits: Was wollte Arau mit ihr besprechen? Ihre Anweisungen kamen für gewöhnlich von der Hauptstadtredaktion und wurden ihr zwischen Tür und Angel zugeraunzt. Eine Besprechung ... War das endlich ihre Chance?

Als sie am nächsten Morgen um zehn nach acht – ihr Herz klopfte vor Aufregung, aber trotzdem hatte sie vor dem Redaktionsgebäude gewartet, um Arau ein bisschen schmoren zu lassen – an seiner Tür klopfte, folgte die Rache auf dem Fuße. Sein »Herein« ertönte nach einer langen Bedenkzeit, und es klang zerstreut.

»Ach, Sie sind das, Kindchen«, sagte er.

Kindchen? Er schaute wieder auf seine Papiere und kritzelte ein paar Korrekturen in einen Entwurf.

»Was kann ich für Sie tun?«, fragte er, fast unwirsch.

Luise klappte innerlich zusammen. Sie hatte gehofft, sie dürfte im Namen der Redaktion Kontakt zu Anderl und Toni aufnehmen, vielleicht sogar im Archiv eine Vorrecherche zum Thema Bergsteigen in den Alpen betreiben. Endlich eine Chance zu zeigen, was sie konnte. Die Arbeit in Archiven und Bibliotheken war zwar nicht der wahre Journalismus, von dem sie träumte, aber immer noch spannender als der Kampf mit der Kaffeemaschine. Endlich einmal ein Schritt in die richtige Richtung – nach vier Monaten Stillstand.

»Sie hatten gesagt, ich solle heute um acht bei Ihnen sein.«

Arau runzelte die Brauen, schaute auf die Uhr.

»Ach ja, aber um acht waren Sie nicht da. Dafür kam Franz Jagstner, wissen Sie, der Volontär aus der Sportredaktion, der hat den Auftrag mit Handkuss übernommen. Morgenstund hat Gold im Mund.«

Luise schaute Arau an und wäre fast geplatzt vor Wut.

»Aber Jagstner, der versteht doch nur etwas vom Ringkampf.«

»Woher wissen Sie das?«

»Herr Arau, seit vier Monaten bin ich hier in der Redaktion. Man hat mir eine Ausbildung zugesichert, Sie kennen meine Bilder ...«

Jetzt hob er den Kopf, grinste, wie so oft. War das Häme oder amüsierte er sich einfach, dieser selbstgefällige Fatzke? Er drückte ihr den Entwurf in die Hand, und Luise las zerstreut die ersten Zeilen. Es war kein Entwurf für einen Artikel, sondern ein Formular. Darauf waren vierzig Reichsmark »auszuzahlen an Fräulein Luise Fellner«, eingetragen, außerdem eine Kamera, eine Kodak Retina!

»Nun stehen Sie nicht rum. Gehen Sie an die Kasse und dann ins Materiallager, da bekommen Sie die Kamera. Und dann ab nach Berchtesgaden, sagen Sie Ihren Jugendfreunden, in der Hauptstadt des Reiches harrt man ihrer historischen Tat.«

So ein Aas. Verschlagen und faul. Drückt sich um die Strafmission herum, die der Chef ihm aufbrummen wollte. Luise sollte es recht sein.

Berchtesgaden war ein kleines Städtchen, eigentlich fast ein Dorf, in dem jeder jeden kannte. Doch in ihrer Kindheit hatten sich Toni Kurz und Andreas Hinterstoisser nur flüchtig gekannt, bevor sie seit ihrer Begegnung auf der Reiteralpe eine gemeinsame Seilschaft bildeten. Schon mit zehn, zwölf Jahren waren sie, jeder für sich, in der Gegend um Berchtesgaden herumgestreift und hatten Kletterversuche unternommen. In der Schule galten sie als desinteressiert und aufsässig und wurden von den Lehrern gegängelt. Tatsächlich waren sie im Unterricht oft zerstreut und schliefen mitunter sogar ein, denn bereits am frühen Morgen hatten beide oft schon auf dem Feld gearbeitet, und die Wochenenden waren mit ausgedehnten Klettertouren gefüllt. Toni hatte den zwei Jahre jüngeren Andreas damals nie recht ernst genommen. Damals. Jetzt war alles anders, sie hatten denselben Dienstgrad, und beim Klettern … Toni verdrängte den Gedanken, wer wohl der Bessere war. Sie waren grundverschieden, wie ihre Technik. Andreas war ein verwegener Akrobat, feingliedriger als Toni, und eigentlich hätte man erwartet, dass er zäher wäre. Aber die größere Ausdauer hatte der kräftige athletische Toni. Er war am Berg manchmal zögerlich, fast träge, dafür aber unermüdlich. Stur schob er sich durch die Felsen, suchte konzentriert nach Tritten und Griffen. Instinktiv folgte er der

Grundregel, dass das Klettern vor allem eine Sache der Beinarbeit ist, und er schien nie außer Atem zu kommen. Andreas nahm oft vier, fünf Meter wie im Flug, ließ sich von schwierigen Griffen verführen, hing dann wie ein Äffchen an seinen Armen und musste sich gewaltsam hochziehen. Die Kraft, die er an solchen Stellen ließ, fehlte ihm häufig später.

Toni und Andreas hatten sich von klein auf nur für das Klettern interessiert. Sie kletterten, wie alle Kinder, auf Bäume, Scheunendächer und Telegrafenmasten. Später auf Almen und kleinere Felsformationen, bis sie schließlich richtige Touren unternahmen. Schulfächer interessierten sie nur, wenn sie mit dem Klettern zu tun hatten, Wetter- und Pflanzenkunde zum Beispiel, oder Geologie. Als sie die Schule beendeten, hatten sie nur einen Wunsch: Bergsteiger zu werden. Aber Bergsteiger war kein Beruf, man konnte davon nicht leben. Blieben als Kompromiss die »Gebirgsjäger«, bei dieser Einheit konnte man durch die Berge klettern und würde dafür noch Sold bekommen, in der Hierarchie der Wehrmacht aufsteigen, vielleicht Offizier werden! Doch der Dienst im Gebirgsjägerbataillon schmeckte weder Andreas noch Toni, und über die Unteroffiziersgrade würden sie wohl auch nicht hinauskommen. Offiziere wurden die Herren von Adel oder die Studierten. Aufstehen um fünf, die Maultiere füttern und ausmisten, dabei murrten sie nicht. Sie waren harte Arbeit gewohnt, es war Dienst, Dienst fürs Vaterland, und zum Vaterland gehörten eben auch die Mulis. Schlimm war, dass sie klettern mussten wie Hirnamputierte, als ob sie noch nie ein Seil benutzt hätten.

Sie hatten die ganze Woche an künstlichen Stellwänden gehangen, glitschige Bretterverschläge, die mit echtem Klettern nichts zu tun hatten. Die Schlachten an der Südgrenze des Reiches würden sicher nicht an solchen Stellwänden entschieden, dachten sie. Da ging es in ganz anderes Gelände! Aber sie bissen die Zähne zusammen.

Am Freitag stand eine Schieferwand auf dem Programm, immerhin. Für Toni und Andreas ein schönes Aufwärmtraining für ihre Wochenendtour. Die Wand bestand aus den typischen Schieferschichten, die zwar manchmal brüchig waren, aber bequeme Kanten bildeten, die sie fast serpentinenartig durchzogen. Der Spieß hatte Viererseilschaften zusammengestellt, Toni und Andreas kletterten gemeinsam mit zwei verängstigten Burschen aus Regensburg.

»Ihr geht diagonal die Verschneidung hoch, da habt ihr guten Halt. Denkt immer daran, es ist wie beim Segeln gegen den Wind: Frontalkurs vermeiden, immer schön Zickzack gehen«, rief der Spieß, ein etwa dreißigjähriger Specknacken mit leicht glasigem Blick und dunkelrot geäderter Nase. Es war für niemanden im Bataillon ein Geheimnis, dass die gute Durchblutung nicht von der Gebirgsluft herrührte.

»Zickzack dauert aber länger«, sagte Andreas, »und Viererseilschaft sowieso.«

»Was war das?«, brüllte der Spieß.

Toni knuffte Andreas an und zischte:

»Halt's Maul.«

Andreas trat vor. »Gefreiter Hinterstoisser wollte gehorsamst eine Anregung geben.«

Der Spieß rollte mit den Augen, seine Nase schien zu glühen.

»Auf Ihre Anregungen hat die Wehrmacht gewartet, Gefreiter Hinterstoisser. Sie sind hier nicht im Klettergarten, sondern in einer Armee.«

»Wenn du jetzt Zicken machst, haben wir das Wochenende Sonderwache«, flüsterte Toni.

»Jawohl, Herr Leutnant, habe verstanden, Herr Leutnant. Mein Kommentar war unsachgemäß.«

»Vielleicht nicht unsachgemäß, aber disziplinlos. Ich erwarte Sie heute Abend um sieben Uhr in der Dienststube zum Rapport. Sie werden Ihre Vorschläge den Ausbildern unterbreiten.«

Toni und Andreas schauten einander an. Was war in den Spieß gefahren? Wollte er plötzlich dazulernen?

Tonis Seilschaft war für gewöhnlich die erste, doch der Spieß disponierte um. Die anderen sollten vorklettern. Andreas und Toni standen da und traten von einem Fuß auf den anderen. Sechsunddreißig Mann waren in der Wand, langsam wie die Schnecken krochen sie Richtung Kante.

»Los geht's«, sagte der Spieß, »Hinterstoisser führt.«

Toni spürte einen kleinen Stich. Normalerweise war er der Seilführer. Und hoffentlich konnte Andreas sich beherrschen.

Er konnte nicht. Er scherte sich einen Dreck um die Verschneidung, die im Dreißig-Grad-Winkel schräg über die Wand lief, eine bequeme Rampe, breiter als ein Stiefel. Andreas drosch den ersten Haken direkt über seinem Kopf in die Wand, hängte einen Karabiner ein, zog das Sicherungsseil durch und suchte mit den Fingern der rechten Hand nach einem Griff, dann mit der linken, er zog einen Fuß nach, fand einen weiteren Tritt für den rechten und stemmte, gesichert von den anderen, die Beine in den Fels. Er ließ, als wollte der den Spieß verhöhnen, den Oberkörper nach hinten fallen, holte Hammer und den nächsten Haken …

»Gefreiter Hinterstoisser …«, brüllte der Spieß, »Sie machen sofort kehrt. Sie gehen die Verschneidung hoch, laut Befehl.«

»Jawohl, Herr Leutnant«, schrie Andreas zurück, »zu Befehl, Herr Leutnant.«

Drei Meter hoch war Hinterstoisser mit seiner Eigenmächtigkeit gekommen.

»Kannst du mir sagen, was das jetzt sollte?«, fragte Toni.

Andreas zuckte mit den Schultern. »Der Rapport wäre einfacher gewesen, wenn ich ihm vorher gezeigt hätte, was ich meine. Er ist ein bisschen schwer von Begriff.«

Nach dem Rapport wussten die beiden, was der Spieß von diesem Lehrbeispiel hielt: Hinterstoisser bekam am Samstag erst um zwölf Uhr mittags Ausgang. Vorher musste er Latrinen putzen. Von der Fortentwicklung der Felstechnik in der militärischen Ausbildung war nicht die Rede gewesen.

Toni hätte Andreas am liebsten seinem Schicksal überlassen. Er hatte ihnen das ganze Wochenende versaut, die Tour, die sie für Samstag geplant hatten, war in einem halben Tag nicht zu schaffen.

»Kannst du mir erklären, wieso du so einen Scheiß baust?«, fragte er.

Andreas zuckte mit den Achseln.

»Das soll unser Ausbilder sein? Die Technik, die der kennt, war schon in den Zwanzigerjahren veraltet. Der kann nicht mal Haken schlagen.«

»Und du glaubst, das kannst du ändern? Ausgerechnet du?«

»Was heißt hier: ›ausgerechnet ich‹?«

Verbissen putzten sie vier Pissrinnen, zwei Mannschaftslatrinen und den Boden im Offizierskasino. Dank Tonis Hilfe war Andreas früher fertig als gedacht. Als er nachfragte, ob er deshalb früher gehen dürfe – Toni wollte ihn vor dieser erneuten Dummheit bewahren –, zeigte der Zugführer sich gnädig.

»Siehst du«, sagte Andreas. »Frechheit siegt.«

»Ohne deine Frechheit wären wir seit vier Stunden in

der Wand«, sagte Toni, und Andreas schluckte säuerlich. Klugscheißer, dachte er.

Sie schwangen sich auf ihre Räder, rasten nach Hause und holten ihre Rucksäcke. Als Toni in die Stube trat, um sich von seiner Großmutter zu verabschieden, sagte diese:

»Kannst dich noch an die Luise erinnern?«

Was für eine Frage! Toni schwieg.

»Der Grettner Schorsch hat gesagt, er hat sie heute Morgen vor dem Fellner Haus gesehen.«

Toni nickte.

»Der Grettner Schorsch red viel, wenn der Tag lang ist«, knurrte er, aber seine Knie zitterten, als wäre er eben aus einer schwierigen Wand gestiegen. Er schlüpfte in die Riemen, gab seiner Großmutter einen Kuss auf die zerknitterte Wange und sagte, um ihr zuvorzukommen:

»Ja, wir sind vorsichtig, wir kommen heil zurück.«

Sie antwortete mit einem zärtlichen Klaps.

Das Mühlsturzhorn ist nur knapp über tausend Meter hoch. Aber sein Kalkgipfel erhebt sich majestätisch über das Tal, lotrechte Wände, die stumm in den Himmel ragen. Gegen Mittag hatten sie mit dem Fahrrad Hintersee erreicht, dann fuhren sie weiter auf dem Schaflsteig, einem steilen Felspfad, wo sie immer wieder absteigen und schieben mussten.

»Wir schaffen das heute nicht mehr«, sagte Toni, »wir brauchen für den Aufstieg mindestens sechs Stunden, und dann noch einmal zwei, drei für den Rückweg.«

»Auf der alten Südkante«, antwortete Andreas.

»Was meinst du mit ›alte Südkante‹?«

Toni schwante schon wieder etwas. Er warf das Fahrrad ins Gebüsch und schaute auf die Wand, die in der Mittagssonne hell leuchtete. In den hellen Kalk waren harte Kontraste gezeichnet. Er war rau, hart, wasserzerfressen, ideales Übungsgelände. Es gab überall zuverlässige Tritte und Griffe, selbst für schweißnasse Finger.

»Es gibt auch einen direkteren Weg über die Südkante.«

Andreas erklärte seine neue Route, aber Toni verstand nicht recht. Er war nicht bei der Sache, musste immer wieder an Luise denken. Was wollte sie auf einmal in Berchtesgaden? Warum hatte sie ihm nicht geschrieben, dass sie kommen würde? Aber Toni wusste, warum sie ihm keinen Brief geschickt hatte: Weil er ihre Briefe nie beantwortet hatte.

»Hörst du mir überhaupt zu?«, fragte Andreas.

Toni schaute verdattert.

»Du behauptest die ganze Woche, du freust dich nur aufs Wochenende, damit du mit mir klettern gehen kannst, und wenn es dann soweit ist, bist du entweder schlecht gelaunt oder in Gedanken woanders.«

»Ich bin nicht schlecht gelaunt«, murmelte Toni.

Andreas zeigte ihm die neue Route, die er im Sinn hatte, noch einmal auf einer Übersichtsskizze.

»Wir sparen zwei Stunden«, sagte Andreas.

»Wenn uns nicht die Puste ausgeht.«

»Einverstanden?«

Sie stiegen in die Wand und arbeiteten sich verbissen vorwärts. Andreas stieg vor, schlug die Haken, Toni kam nach und schlug die Haken vorsichtig wieder aus dem Fels. Das Material war teuer, und wenn ein Haken erst einmal richtig verdreht war, bekam man ihn nicht wieder gerade. Wenn sie auf einem Sicherungsplatz zueinander aufschlossen, grinste Andreas Toni an, dem die Erinnerung an Luise plötzlich nicht mehr wehtat. Der Wind säuselte, schob Schäfchenwolken über ihren Köpfen dahin. Manchmal hörte man in der Ferne das Geräusch von Hämmern, irgendwer war auf einer anderen Route unterwegs. Ein Ärgernis. Toni hatte keine Lust, mit anderen Bergsteigern auf dem Gipfel zu sitzen. Es gab nichts Schöneres, als schweigend neben Andreas über das weite Land zu schauen, auf der einen Seite das Deutsche Reich, auf der anderen Österreich, das Salzburger Land.

Schon am Wandfuß hatte Andreas in der Skizze zwei Platten markiert, die sie queren mussten. Und zweimal bewies er, dass er den virtuosen Pendelquergang von der letzten Kletterpartie jederzeit wiederholen konnte. Toni musste wieder lachen, als er seinen Freund wie einen Verrückten über die glatte Wand rennen sah.

Als sie oben ankamen, war es erst fünf Uhr. Sie hatten tatsächlich zwei Stunden weniger gebraucht. Und das war Andreas zu verdanken.

»Siehst du, wie schnell wir inzwischen sind?«

Toni nickte und hob seine Wasserflasche:

»Auf die neue Hinterstoisser-Kurz-Route«, sagte er.

»Schad, dass wir uns dafür nix kaufen können«, antwortete Andreas. Er nahm einen Schluck aus der Flasche und gab sie Toni zurück.

»Und eine Goldmedaille gibt's dafür auch nicht«, fügte er hinzu.

»Wovon redest du eigentlich?«

Aber Toni wusste, wovon Andreas redete: In den Alpen hatte es bis vor kurzem drei ungelöste Probleme gegeben, drei Nordwände: Matterhorn, die Grandes Jorasses und Eiger. Vor vier Jahren war das erste der drei Probleme gefallen: Die deutschen Brüder Franz und Toni Schmid hatten im Sommer 1932 die Matterhorn-Nordwand durchstiegen und dafür in Los Angeles die olympische Goldmedaille bekommen. Die Grandes-Jorasses-Nordwand war im Vorjahr gefallen, womit es nur noch ein ungelöstes

Problem in den Alpen gab. Und jetzt stand wieder eine Olympiade bevor, sie begann am 1. August, ausgerechnet in Berlin. Wer wollte, dass ihm der Führer in der Reichshauptstadt die Goldmedaille um den Hals hängte, der musste auf den Eiger.

»Die Route hier, das ist eine schwere Sieben. Überhänge en masse, Platten, die gequert werden müssen, der Eiger ...«, fing Andreas wieder an.

Jetzt wusste Toni, warum Andreas diese neue Route ausgesucht hatte.

»Der Eiger kommt für uns nicht in Frage«, sagte Toni.

»Warum denn nicht? Er ist technisch nicht schwerer.«

»Meinst du? Hier haben wir ganze 350 Höhenmeter geschafft, der Eiger, das sind 1800.«

»Aber er ist nicht steiler.«

»1800 Höhenmeter, das kann sich von uns beiden keiner vorstellen. Das heißt, zweimal biwakieren – im Idealfall, und den Idealfall gibt es am Eiger nie. Außerdem haben wir kaum Erfahrung im Hochgebirge. Da oben ist die Luft dünn.«

»Es gibt in der Wand nichts, was wir nicht könnten.«

»Die ganze Wand kennt keiner. Max Sedlmayr und Karl Mehringer konnten auch alles, theoretisch – und sie sind oben geblieben. Du weißt, dass es dort ständig Steinschlag gibt, das ist ein Lotteriespiel, vom Wetter ganz zu schweigen. Die heißt nicht umsonst Eiger-Mordwand, Mensch. Das ist die gefährlichste Wand der Alpen.«

Sedlmayr und Mehringer waren unter süddeutschen Kletterern Autoritäten gewesen. Sie waren erfahren, besonnen und zäh. Auf Touren in den bayerischen und österreichischen Alpen hatten sie nicht nur alle klettertechnischen Schwierigkeiten trainiert, sondern auch die nötige innere Ruhe erworben, um das Unmögliche zu versuchen und, wenn es sich tatsächlich als unmöglich erweisen sollte, rechtzeitig umzukehren. Toni war Mehringer einmal auf dem Gipfel des Seehorns begegnet. Der Ältere hatte schweigend auf einem Stein gesessen und ließ sich den Wind durch das schweißnasse Haar fahren. Mehringer hatte den Anstieg in sensationellen drei Stunden geschafft, Toni brauchte doppelt so lange, aber Mehringer verlor kein Wort über seine Leistung. Vielmehr war er neugierig, wollte alles über die »jungen Wilden« wie Toni hören und lobte ihn für jede seiner Begehungen, die Toni doch nur wie Anfängerstücke vorkamen.

Andreas schüttelte den Kopf.

»Toni, wir sind inzwischen die Besten.«

»Wer sagt dir das? Und gegen ein Unglück kommt auch der Beste nicht an.«

Andreas schaute über die fernen Gipfel.

»Wenn ich mir überlege, dass der Rainer Edi und der Angerer Willy in Berlin im Olympiastadion stehen, dass der Führer ihnen persönlich die Goldmedaille umhängt, die Massen auf den Rängen toben, die ganze Welt am Radioapparat zuhört, wie diese beiden …«

»Wie kommst du auf Rainer und Angerer?«

»Ich habe gehört, sie wollen es dieses Jahr probieren.«

Toni schwieg, nun nagte es auch an ihm, aber er wischte dieses Gefühl weg. Es war kindisch. Er hatte beim Bergsteigen seinen eigenen Ehrenkodex, das heißt eigentlich war es der Kodex seiner wichtigsten Lehrmeister: Maduschek, Kugy, Dibona. Leo Maduschek hatte mit seinen Abrissen zur modernen Fels- und Eistechnik eine ganze Generation geschult, hatte immer zur Besonnenheit aufgerufen, Julius Kugy hatte die Julischen Alpen erschlossen und ging selbst als Greis noch anspruchsvolle Touren, und Angelo Dibona schließlich war ein Vorbild für jeden Bergführer oder -retter. Denn er hatte seine außergewöhnlichen Fähigkeiten fast ausschließlich den Mitmenschen zur Verfügung gestellt. Ruhm interessierte ihn nicht, er wollte Anderen, die weniger Erfahrung hatten, das Klettern ermöglichen und sie, wenn sie trotz aller Umsicht in Not gerieten, heil aus der Wand holen. Man opfert sein Leben nicht dem blinden Ehrgeiz, das war das Motto aller drei.

»Ich glaube, du hast einfach Schiss«, sagte Andreas.

Toni schüttelte den Kopf.

»Ich habe vor gar nix Schiss.«

Oder vielleicht doch? Er kannte die Angst. Nicht beim Klettern, aber vorher. Wenn man einmal drin war, in der Wand, dann gab es nur noch die blinde Mechanik. Selten schaute man in den Abgrund, selten dachte man über Gefahren nach, dazu war alles viel zu konkret. Man schaute ein, zwei Meter weit, manchmal, wenn man eine Route suchte, auch einmal mehrere Seillängen, immer nach oben. Aber genau das machte den Reiz des Bergsteigens aus: Man war vor der Angst sicher.

»Ich habe nur Angst davor, dass wir sinnlos draufgehen.«

Andreas antwortete nicht. Er packte seinen Rucksack, stand auf und sagte:

»Lass uns absteigen. In ein paar Stunden wird's dämmrig.«

Auf dem Heimweg waren sie beide schweigsam. Aber es war nicht die angenehme, zufriedene Stille, die von der Müdigkeit herrührte.

Luise hatte den Tag in Berchtesgaden verbracht. Sie hatte die Retina, von der sie schon lange geschwärmt hatte, ausprobieren wollen, war aber von einem Verwandten zum nächsten geschickt worden. Vor jeder Begegnung mit ihrer

Vergangenheit hatte sie ein mulmiges Gefühl im Magen. Wenn man sie fragte, was sie denn in Berlin so tue, klangen ihre Antworten zaghaft und verworren. Ihre Onkel nickten schweigend, die Tanten schauten besorgt. »Ja, ja, die Großstadt«, sagten sie oder »ja, ja, die Presse«, gefolgt von einem Seufzen, das war alles, was sie zu hören bekam. Was hätten die Leute auch sagen sollen? Luise saß in den Wohnstuben, auf groben Holzstühlen, aus den Höfen drang der Geruch des Dungs, aus den Kellern der des Sauerteigs und der Quarkbottiche, unter den Tischen roch es nach feuchter Wolle und Holzpantinen. Alles hier kam ihr jetzt ein wenig schäbig vor, eng und muffig, aber wie sehr hatte ihr das alles gefehlt in ihrer winzigen Hinterhofwohnung in Berlin!

Gegen Abend ging Luise, nachdem sie heimlich eine Zigarette geraucht hatte, zur Familie Kurz ins Josephsheim, die kleine Pension, die die Alten betrieben. Eigentlich war das Gut ja ein Bauernhof gewesen, der einzige Lebensinhalt des Großvaters, das Erbe, das er seinen beiden Kindern in blühendem Zustand hinterlassen wollte. Aber seine Kinder hatten an diesem Erbe kein Interesse gezeigt. »Die Schinderei ist für die Katz«, hatte Gustl, der Erstgeborene, Tonis Onkel, gesagt und war nach Altötting gezogen, um sich bei der Reichsbahn zum Rangierer ausbilden zu lassen. »Unsere Zukunft ist die Technik«, hatte er gesagt. »Milch wird auch in Zukunft getrunken«, hatte der Großvater geantwortet, nach und nach aber doch sein Großvieh verkauft, das Gesinde entlassen und die freien Stuben an Sommerfrischler vermietet. Inzwischen waren vier Stuben als Gästezimmer eingerichtet, auch die kleine Dachstube, in der Toni außerhalb der Saison schlief.

Luise hatte gehofft, sie würde Toni dort treffen, doch der war natürlich am Berg beim Klettern. Gäste schien das

Josephsheim keine zu haben. Die Geschäfte gingen schlecht, meinte die Großmutter, die gerade Erdbeeren einkochte. Gut, dass sie noch die Einnahmen aus der Landwirtschaft hätten. Und die Hasen brächten im Frühjahr immer noch ein paar Mark. Ihr Mann stand im Garten, kratzte sich am Kopf und betrachtete seine Obstbäume. Als er Luise sah, strahlte er und sagte:

»Na, Kind?« Weitere Fragen schien er nicht zu haben. Luise war das recht.

»Willst auf den Toni warten?«

Sie nickte.

»Darf ich ein paar Fotos von Ihnen machen?«

»Wozu?«

»Ich arbeite jetzt für eine Zeitung.«

»Alle Achtung, Mädel. Und die Leute da in Berlin wollen einen alten Bauernschädel mit zerrissenem Hosenboden anschauen? Lass mich wenigstens die Sonntagstracht anziehen.«

»Ich will Sie genau so, wie Sie jetzt sind.«

»Wenn das die Großmutter erfährt, dann gnade uns Gott!«

Luise lachte und schaute durch den Sucher.

»Arbeiten Sie einfach weiter. Die einfachen Arbeiter sind die wahren Helden.«

»Das ist mir neu. Außerdem betreibe ich eine Pension, ich bin Unternehmer.«

Sie wartete, aber der Alte kehrte ihr den Rücken zu. Sie musste einen großen Halbkreis beschreiben, bis sich die Rückwand des Hauses ins Bild schob, die Glastür, aus der plötzlich Andreas kam.

»Luise!«, schrie er und fiel ihr um den Hals. Ihr Herz raste, Andreas war verschwitzt, sie spürte seine muskulösen Arme, die ihr fast die Luft abdrückten. Früher war sie oft eifersüchtig gewesen auf diesen Andreas, wenn er im Morgengrauen, mit Seilen und Rucksack beladen, Seit an Seit mit Toni verschwand. Jetzt spürte sie nur ein Gefühl von Vertrautheit und Zuneigung. Und Toni? Der kam hinterher, schaute mürrisch und sagte nur:

»Grüß Gott, Luise.«

Er ließ den Rucksack klirrend auf die Dielen fallen und machte keinerlei Anstalten, Luise zu umarmen, nicht einmal die Hand gab er ihr. Es ging ihm auf die Nerven, dass der Großvater und Andreas bei dieser Szene zusahen. Es gefiel ihm auch nicht, dass Luise mit ihrer Kamera aufgetaucht war. Was hatte Tonis Familie in der Zeitung verloren? Sollten sie einem Großstadtpublikum als ärmliche Exoten vorgeführt werden? Andreas plauderte munter drauflos, am Abend sei Tanz, Luise ginge doch mit? und, Toni werde auch da sein. Davon war nie die Rede gewesen. Toni mochte keinen Tanz, er mochte grundsätzlich keinen Lärm und keine Menschenansammlungen, ihm hatte das Gerangel in der Schule schon widerstrebt, der Gruppenunterricht für den Ministrantendienst und erst recht der Herdenauftrieb in der Kaserne. Überall sinnloser Lärm, in dem die Maulhelden sich hervortaten. Man steckte zwischen den Leibern der anderen, auf deren Nähe man keinen Wert legte. Und immer spürte er die Blicke der Meute, die in ihm den Bankert sahen, weil seine Mutter keinen Vater für ihn vorweisen konnte und ihn dann auch noch hatte sitzen lassen, als ein neuer Mann in ihr Leben trat. Die Großmutter hatte daraufhin die Erziehung des achtjährigen Toni übernommen, was alles andere als eine leichte Aufgabe war, denn Toni wurde zum widerspenstigen Eigenbrötler.

»Ich gehe dann besser«, sagte Luise und gab dem Großvater die Hand. Dieser zwinkerte ihr zu und machte eine

Grimasse Richtung Toni, als wollte er sagen: Der Stoffel kriegt sich auch wieder ein. Toni holte eine Sichel und schnitt Grünzeug für seine Hasen.

»Servus«, sagte er.

»Servus, Toni, sehen wir uns heute Abend?«, fragte Luise.

Er antwortete nicht, steckte den Löwenzahn durch den Drahtverhau und begrüßte Flocke, einen alten Rammler, der seinen Namen einem weißen Fleck an der Schulter zu verdanken hatte und sein Leben der Tatsache, dass sein Fleisch zum Verspeisen inzwischen zu zäh war.

»Wäre schön«, schob Luise nach, und Toni nickte. Er dachte gar nicht daran, am Abend zum Tanz zu gehen. Er hatte noch die anderen Tiere zu versorgen, wollte einen Artikel über die heutige Tour aufsetzen und sich für den nächsten Tag erholen.

Zwei Stunden später stand er dann doch mit Andreas in der Gaststube, in der die Blaskapelle einen solchen Lärm machte, dass die Dielen und Tonis Bauchdecke vibrierten. Seine Laune hätte nicht mieser sein können, hier stand er nun, auf der »Bubenseite«, inmitten all der anderen Kerle, die die Weiber begafften. Und auch er gaffte, er konnte Luise nicht aus den Augen lassen. Was wollte sie hier? Tat so, als wäre nie etwas geschehen. Wie konnte sie nur so gefühllos sein? Natürlich hatte er ihr gesagt, sie dürfe sich diese Chance in Berlin nicht entgehen lassen. Aber wenn sie nicht an die Redaktion geschrieben hätte, hätte sie die Chance nicht bekommen. *Sie* hatte sich in Berlin beworben, der Rest war nur eine logische Konsequenz gewesen.

Luise tanzte fast den ganzen Abend mit Andreas, warf Toni aber immer wieder Blicke zu. Wollte sie sich auch noch lustig machen über ihn? Oder gab es tatsächlich noch etwas, was sie verband? Toni widerstand der Versuchung, nach Hause zu gehen. Ein Feigling war er nicht, also klatschte er seinen Freund ab. Aber als er Luise im Arm hielt, beherrschte er die einfachsten Schritte und Drehungen nicht mehr. Schließlich wurde es ihm zu dumm. Er ließ Luise mitten auf der Tanzfläche stehen und ging an die frische Luft.

Der Mond stand über dem Gasthaus und ließ das Lindenlaub glänzen. Toni setzte sich unter die ausladende Krone des Baumes, lehnte den Kopf an die Rinde und starrte die Sterne an. Warum nur ist alles so falsch?, fragte er sich. Da oben herrscht Stille, da ist alles richtig und klar. Und hier unten: Jauchzen und Gejohle, Geschwätz … Auf nichts gibt es eine zuverlässige Antwort.

»Toni?«

Luise trat zögernd auf ihn zu. Ihre helle Bluse zeichnete sich im Gegenlicht ab, die Strähnen ihres dunklen Haares schimmerten.

»Warum bist du gekommen?«, fragte er.

Sie zuckte mit den Achseln.

»Brauchst du noch ein paar Dorfdeppen, über die sich deine Leser amüsieren?«

Sie setzte sich neben ihn und ließ den Kopf hängen.

»Warum redest du so? Du schreibst doch selber für den ›Anzeiger‹.«

»Ich berichte nur über das, was ich selbst getan habe; jeden Stein, den ich beschreibe, habe ich mit eigenen Händen angefasst. Da ist nichts erfunden.«

»Weißt du denn, wie ich schreibe und worüber?«

»Nein, aber ich kann's mir denken.«

Luise schwieg. Er konnte es sich denken, das war typisch.

»Du hast keine Ahnung. Ich habe noch keine Zeile veröffentlicht.«

»Ich denke, du arbeitest für die ›Berliner Zeitung‹.«
Sie nickte.

»Als Volontärin, da liest man Korrektur, erledigt Post, kocht Kaffee.«

»Zum Kaffeekochen bist du nach Berlin gegangen?«

»Bitte, Toni, das Thema ist erledigt.«

»Der Meinung bin ich auch.«

Er stand auf, er hatte endgültig genug von dem verkorksten Abend. Sein Wochenende war kurz genug.

»Toni, bitte warte einen Moment. Ich will dir sagen, warum ich hier bin. In Berlin redet man über euch.«

Toni zog eine Grimasse.

»Über uns?«

»Über die Berchtesgadener Bergsteiger und die Salzburger. Die warten alle auf die Erstbesteigung.«

»Welche Erstbesteigung?«

»Vom Eiger.«

»Der Eiger ist bestiegen, seit achtzig Jahren.«

»Du weißt genau, was ich meine. Es geht um die Nordwand.«

»Fängst du jetzt auch noch damit an? Mag sein, dass sich das in Berlin interessant anhört, aber wenn man etwas von der Bergsteigerei versteht, dann weiß man, warum die Wand Mordwand heißt.«

»Aber der Angerer und der Rainer wollen es doch auch probieren.«

»Hat dir der Andi das erzählt? Was heckt ihr eigentlich aus zusammen?«

»Irgendjemand wird sie machen, die Wand.«

»Dann fahr hin und schau zu dabei, oder besser: Mach deine Bilder, dann kommst du ganz groß raus in der Reichshauptstadt. Dann musst du nie wieder Kaffee kochen. Ist doch egal, wer auf den Bildern ist, oder?«

»Es ist nicht egal. Wenn ich groß rauskommen will, muss es ein Reichsdeutscher sein«, sagte Luise verächtlich und ließ Toni stehen.

Luise nahm am nächsten Morgen um sechs den Regionalzug nach München, dort stieg sie in den D-Zug nach Berlin, in die dritte Klasse: Kleine Angestellte mit grauen Gesichtern, eine kinderreiche Familie, die aufgeregt durcheinanderschnatterte. Luise kam sich allein und verlassen vor. Jedes Mal wenn die junge Mutter ihren Kindern die Nase putzte oder sie zärtlich zu sich heranzog, um ihnen eine Ermahnung ins Ohr zu flüstern, musste sie die Tränen niederkämpfen. Kurz vor Abfahrt des Zuges kamen zwei Männer in billigen Anzügen ins Abteil, sie kontrollierten die Ausweise und blieben vor einem alten Ehepaar mit Judenstern stehen.

»Nur eine Routineüberprüfung«, sagte der Kleinere der beiden Beamten, »würden Sie uns bitte begleiten?«

Der alte Mann half seiner Frau auf. Mit ausdruckslosem Blick gingen die beiden an Luise vorbei, und Luise schämte sich für ihren eigenen Kummer.

Mit einem kleinen Koffer war sie aus Berlin gekommen, mit zwei Koffern kehrte sie zurück. Weißer Presssack, eingelegte Gurken und Kirschen, sogar nassgelaibtes Brot hatte sie im Gepäck. Normalerweise aß sie schon auf den ersten Kilometern ihren Proviant, heute hatte sie keinen Appetit.

Als sie am nächsten Tag vor Araus Schreibtisch stand, um Bericht zu erstatten, spielte dieser zerstreut mit einem Metallhaken. Vor ihm lag ein geöffnetes Päckchen vom Akademischen Alpenverein, der Redakteur nahm das Thema offensichtlich sehr ernst.

Luise schwitzte vor Nervosität. Wie sollte sie Arau beibringen, dass sie mit leeren Händen zurückgekommen war? Sie probierte ein paar Einleitungsfloskeln aus.

»Jetzt schauen Sie sich das an: An so einem dünnen ...«

Arau hielt ihr das Metallstück vor die Nase und suchte nach einem passenden Wort.

»Mauerhaken ...«, sprang Luise ihm bei.

»Ja, an so einem Mauerhaken hängt ein Menschenleben, oder sogar zwei. Und das hier ...«

Er nahm einen längeren Haken mit Sägezahnkanten.

»Ein Eishaken.«

»Ja, können Sie mir sagen, warum die Leute dann auch noch über Gletscher klettern? Hier ...«

Arau hatte sich Zsygmondy/Paulckes Standardwerk »Die Gefahren der Alpen« besorgt. Er schlug mit der flachen Hand auf den Buchdeckel.

»Ich habe gelesen, dass sich da Spalten auftun, die man mit bloßem Auge nicht sieht. Man marschiert seelenruhig durch den Firnschnee und – zack – ist man verschwunden. So ganz verstehe ich diesen Irrsinn nicht.«

Luise schwieg. Arau hob den Kopf, und nun musste sie etwas sagen:

»Am Eiger gibt es zwar keine Gletscherspalten, aber ...«

Arau blickte sie durchdringend an.

»Die beiden kneifen, oder?«

»Woher wissen Sie das?«

Arau tippte sich an die Nasenspitze.

»Der Reporter hat zwei wichtige Werkzeuge. Eines davon ist ein guter Riecher.«

»Der Eiger ist ein Lotteriespiel, die Wand spuckt Gift und Galle, ist ständig in Aufruhr. Völlig unvermittelt gehen Lawinen ab, und in der Vertikalen, wenn man in den Fels geschnürt ist, gibt es kein Entrinnen.«

Arau nickte.

»Schon gut, Mädchen. Machen Sie sich nichts draus.«

»Die vierzig Mark Spesen ...«

»Vergessen Sie das Geld. Sie haben Ihre Arbeit getan.«

Luise war nur ein bisschen erleichtert, irgendetwas an Araus Gelassenheit störte sie. Sie blieb in der Tür stehen.

»Was ist eigentlich das Zweite?«

Arau schaute verdutzt.

»Sie sprachen von zwei Werkzeugen des Reporters. Den guten Riecher und ...«

»Geduld. Man muss warten können. Auf die richtige Geschichte, die richtigen Einfälle. Man muss immer die Lauscher stellen, lange wartet man vergebens und dann ... Es ist wie bei Ihrer Fotografiererei. Sie können noch so ein schönes Motiv haben, wenn das Licht nicht stimmt, kommt es nicht zur Geltung. Dann kann es eben sein, dass man eine bestimmte Tageszeit, vielleicht sogar eine ganz bestimmte Witterung abwarten muss, und wenn man Pech hat, gar eine andere Jahreszeit.«

Luise war verblüfft. Hatte Arau sich noch einmal ihre Fotomappe angesehen?

Für Andi und Toni brachen harte Zeiten an. Der Spieß nahm es ihnen übel, dass sie seine Klettermethoden kritisiert hatten. Deshalb wurden die beiden zu allen möglichen Diensten eingeteilt, nicht unbedingt die unbeliebtesten – Waffenpflege, Schießübung, Inventur –, aber es hatte nie mit Klettern zu tun. Und jetzt fehlte ihnen sogar die dümmliche Variante an den Stellwänden, das war wenigstens ein Training für das Wochenende gewesen.

Andi und Toni warteten mit starren Mienen den neuen Tagesbefehl ab, und sie vermieden, den Spieß anzuschauen, wenn dieser, mit einem zufriedenen Grinsen, den Gefreiten Kurz und Hinterstoisser ihre jeweilige Aufgabe zuwies.

»Lange mache ich das nicht mehr mit«, sagte Andi beim Essenfassen.

»Ach ja, und was willst du dagegen unternehmen? Warum musstest du auch in der Schieferwand den Clown spielen?«

Andi ließ sich den Linseneintopf in den Napf klatschen und setzte sich Toni gegenüber. Aus seiner Brusttasche zog er ein Faltbild. Darauf war ein Motorrad mit Beiwagen zu sehen.

»Was soll das denn?«, fragte Toni.

»Für die Zeit danach. Weißt du, wie lange wir damit bis zur Brenta-Gruppe brauchen? Das Ding fährt bis zu 125 Stundenkilometer.«

Auf dem Bild war eine Zündapp K 800 zu sehen. Toni hatte, wie alle Burschen im Ort, oft von diesem Wunderwerk gehört. Vier-Gang-Schaltung, vier Zylinder.

»Das ist das teuerste Motorrad, das es zur Zeit gibt. Eine BMW würde es auch tun.«

»Die BMW hat nur 18 PS, die hier hat 22.«

»Wie auch immer, von unserem Sold können wir uns weder das eine noch das andere leisten.«

»Stell dir das doch einmal vor: ich im Sattel, du im Beiwagen, und auf dem Gepäckträger die Ausrüstung. Wir können die Alpen kreuz und quer durchklettern. Und danach fahren wir zum Himalaja.«

Toni schüttelte den Kopf.

»Bleib auf dem Teppich.«

Andi stand auf und knallte sein Essgeschirr auf den Tisch. Das Geklapper der Blechlöffel um sie herum verstummte. Andi sah sich um und ließ sich auf die Bank fallen, er flüsterte, aber sein Ton klang drohend.

»Ich habe die Nase voll von dem Herumgedruckse. Ich

will nicht länger mein Talent vergeuden. Alles, was wir leisten, haben wir nur uns selbst zu verdanken. Die anderen, die nehmen an Expeditionen teil, für Tausende Reichsmark, eine Armee von Sherpas schleppt ihnen das Zeug bis auf sechstausend Meter hoch. Und dann steigen die Herren Welzenbach und Co. die letzten zweitausend Meter hoch und lassen sich feiern.«

»Welzenbach ist erfroren dabei.«

»Du weißt genau, was ich meine. Unsere Kletterei ist ehrlich, nur wir gegen die Wand.«

»Du, ich und deine Zündapp.«

Toni lachte.

»Wenn wir den Eiger ...«

»Jetzt lass mich mit deinem Eiger zufrieden.«

»Wir machen ihn, und dann sind wir raus aus dem Dreck. Dann müssen wir uns nicht mehr von einer x-beliebigen Schnapsdrossel herumkommandieren lassen, die nicht einmal über einen Weidenzaun steigen könnte.«

Jetzt hatten auch die Letzten die Ohren gespitzt.

»Sei still, du bringst uns noch in Arrest.«

»Ist mir auch egal.«

Toni sagte nichts. Andreas' Höhenflüge kannte er.

Andreas stand auf, schüttete seine Essensreste in den Saueimer und sagte:

»Ich mache ihn, mit oder ohne Anton Kurz. Überleg's dir.«

Toni starrte auf seine Linsen, die nicht so recht schmekken wollten. Lieber ein Stück trocken Brot auf viertausend Metern Höhe als der beste Eintopf im Tal, nach einem halben Tag Schießübungen.

Der Juni in Berlin war ungewöhnlich warm, selbst kurz vor Mitternacht herrschte eine angenehme Temperatur auf den

Straßen. Die Hauswände strahlten die Hitze des vergangenen Tages ab, und die frische Nachtluft sorgte für einen klaren Kopf. Luise mochte diese stillen Stunden, ihre Müdigkeit war verflogen. Sie durchquerte die Toreinfahrt im Vorderhaus, ging über den Innenhof – alle Fenster dunkel – und stieg die knarzenden Stufen bis in den vierten Stock hinauf. Als sie den Schlüssel ins Schloss steckte, öffnete sich die Nachbartür einen Spalt. Frau Henrich, eine zweiundsechzigjährige Witwe, mit Wasser in den Beinen, zwei Söhnen in der SA und einem im Knast, hatte in der finsteren Wohnung auf der Lauer gelegen.

»Spät geworden, Fräulein Fellner, oder?«

Sie linste die Treppe hinunter, um zu sehen, ob Luise Besuch mit ins Haus schmuggelte.

»Leider sind meine Dienstzeiten sehr unregelmäßig.«

Die Witwe nickte.

»Das habe ich Herrn Kufhold auch gesagt.«

»Wieso interessiert sich Herr Kufhold dafür, wann ich nach Hause komme?«

Kufhold war der Blockwart, der bei Luise in den vier Monaten, die sie im Haus wohnte, nur einmal vorstellig geworden war. Er war so linkisch, dass er nicht einmal ein Glas Wasser hatte annehmen können, ohne ins Stottern zu geraten.

»Es geht nur darum, dass Sie nicht vielleicht vergessen, unten abzuschließen.«

»Das vergesse ich nicht.«

Die Witwe nickte.

»Ihr Blatt, diese ›Berliner Zeitung‹, hat das denn so viel persönlichen Einsatz verdient?«, fragte sie.

»Wie meinen Sie das?«

»Nun, Sie arbeiten, wie Sie sagen, oft bis spät in die Nacht, und dann können Sie sich nicht einmal ordentliche Strümpfe leisten?«

Luise sah an sich hinunter. Sie trug einen Rock und kurze Socken.

»Gute Nacht«, sagte Luise und ging in ihre Wohnung.

Sie setzte sich in die enge Küche, zündete sich eine Zigarette an und versuchte, ihren Unmut loszuwerden.

Manchmal fragte sie sich, ob sie nicht alles falsch gemacht hatte, ob ihr Wunsch, Fotoreporterin zu werden, nicht anmaßend gewesen war. Sie starrte in diese unendlich lange Dämmerung, die so anders war als zu Hause. Jetzt, nach elf Uhr, konnte man noch immer ein milchiges Licht erahnen, und in tiefster Nacht hing ein gelblicher Schein über der Stadt, Abertausende Gaslaternen, deren Licht sich in Dunst und Wolken fing.

Wie hatte sie sich auf ihre Zukunft gefreut, wie viele Träume geträumt. Als sie damals, mit siebzehn, ihre erste Foto-Ausstellung gesehen hatte: »Das Lichtbild«. Fliegende Hüte, spiegelverkehrte Schilder, schwebende Menschen, Mehrfachbelichtungen, Vexierbilder, Blütenblätter, ins Unendliche gedehnt, ein Auge, das einen ansprang wie eine Kanonenkugel. Sie war wie vom Donner gerührt, alles schien plötzlich möglich mit dieser Technik, man konnte mit der Kamera die verrücktesten Einstellungen suchen, die Welt einfach aus den Angeln heben und auf den Kopf stellen. Sie musste lachen über die Bilder, war gerührt, verstört. Sie merkte sich die Namen der Fotografen, suchte überall nach ihren Bildern, in Zeitschriften, Büchern und Bibliotheken: Edmund Kesting, August Sander, Lotte Jacobi, Hein Gorny.

Von dem Tag an wollte Luise Fotografin werden, für ihre Eltern ein Unding, ein unseriöses Gewerbe, zumal für eine Frau. Aber gerade unter diesen jungen Künstlern waren viele Frauen. Luise wünschte sich eine Kamera, zu Weihnachten, zum Geburtstag, zum Namenstag. Eine Kamera kostete ein Vermögen, und das in der Wirtschaftskrise! Also heuerte Luise als Praktikantin beim »Berchtesgadener Anzeiger« an und ließ sich von einem betagten Laboranten das Handwerk beibringen: Filme entwickeln, den Vergrößerer bedienen. Manchmal durfte sie sich eine alte Kamera ausleihen, um Bilder zu machen.

Als sie dann nach Berlin kam, meinte sie, es sei geschafft. Kesting, Sander, Erich Salomon, László Moholy-Nagy, Lotte Jacobi und eben Hein Gorny, sie alle lebten und arbeiteten hier in der pulsierenden Metropole, die voller Leben, voller Bilder steckte. Sie wollte ihre Studios abklappern und sich bewerben, und wenn sie als unbezahlte Putzkraft dort arbeitete. Sie wollte von diesen Leuten lernen.

Doch als sie in Berlin war, fand sie keinen dieser Fotografen. In alten Telefonbüchern standen noch ihre Rufnummern, die Adressen der Studios, doch die Künstler selbst waren verschwunden. Einzig in Lotte Jacobis Studio wurde noch gearbeitet. Hein Gorny war dort eingezogen. Die anderen waren nach Paris, Zürich oder New York gegangen. Und nach und nach verschwanden auch ihre Bilder aus der Stadt. Aus Zeitschriften, Reklameanzeigen, dann gab es nicht einmal mehr die Bücher, in denen ihre Fotos abgedruckt waren.

Berlin war Luise anfangs so gewaltig erschienen, so unermesslich groß, so vielfältig, bunt. Ganz wie die Bilder in der Ausstellung. Doch diese Vielfalt gab es inzwischen nicht mehr, und in den Straßen herrschten die drei Farben der Reichsflagge vor: Schwarz, Weiß und Rot.

Künstlerin würde sie also nicht werden, aber auch als Reporterin hatte sie bislang kaum Glück gehabt. Luise hatte zwei Wochen lang zum Thema »Eiger und die deutsche Kletterelite« recherchiert und Arau die Akte auf den

Schreibtisch gelegt. Sie hatte ihm sogar einen kleinen Beitrag zum Tod der Münchner Bergsteiger Sedlmayr und Mehringer geschrieben. Sie waren im Vorjahr in die Nordwand gestiegen und nicht zurückgekehrt. Man hatte den Wandfuß abgesucht, ein paar Ausrüstungsgegenstände gefunden, aber keine Leichen. Der berühmte Sportflieger Ernst Udet hatte die Wand schließlich mit einem Motorflugzeug abgesucht, als er bis auf zwanzig Meter an den Felsen herangekommen war, sah er einen der beiden dort stehen: bis zur Hüfte im Schnee, erfroren.

»Schöner Text, aber das Thema ist natürlich nicht mehr aktuell«, hatte Arau gesagt. Luise glaubte nicht, dass sie eine zweite Chance bekommen würde. Sie glaubte nicht, dass sie überhaupt in die Redaktion der »Berliner Zeitung« passte. Und als freie Mitarbeiterin? Seit Inkrafttreten der Nürnberger Gesetze waren viele Autoren ausgesondert worden, Juden. Sollte das ihre Chance sein? Luise wischte diesen Gedanken weg, er war ihr widerlich.

Sie hatte sich eine Liste mit anderen Redaktionen geschrieben, aber für die Hetzblätter wollte sie nicht arbeiten, und die kleinen Zeitungen, wie der »Anzeiger für den Berliner Norden«, zahlten nur symbolische Honorare an freie Mitarbeiter. Blieben die Fachmagazine: »Gymnastik und Tanz«, »Leibesübungen und körperliche Erziehung«, »Deutsche Sportjugend«, aber auch dort war die Bezahlung mies, für einen Anfänger gab es überhaut kein Geld. Und auf neue, aufstrebende Blätter brauchte man auch nicht zu hoffen, denn die jüngsten Anordnungen der Reichspressekammer verboten jegliche Neugründung, angeblich um den Bestand der aktuellen Blätter nicht zu gefährden.

Frau Henrichs Zudringlichkeit hatte Luise in eine gereizte Stimmung versetzt. Und wenn sie zurückging und sich wieder beim »Berchtesgadener Anzeiger« bewarb? Als

Reporterin aus Berlin hätte sie wahrscheinlich schnell einen Fuß in der Tür gehabt. Aber der »Berchtesgadener Anzeiger« hatte kaum dreitausend Leser, Verstärkung war da nicht gefragt.

Als Luise spät in der Nacht ins Bett ging, hatte sie einen Entschluss gefasst: Sie würde Berlin verlassen. Die Stadt war ihr so fremd wie am ersten Tag, vielleicht sogar noch fremder geworden. Manchmal träumte sie sich ganz weit weg, nicht zurück nach Berchtesgaden, sondern nach Amerika, wo auch Lotte Jacobi, Lucia Moholy und so viele andere Fotografen hingezogen waren, fast die ganze Generation der deutschen Avantgarde.

Als Luise am nächsten Morgen in die Redaktion kam, war sie heiter, wie nach jedem schweren Entschluss. Sie wollte einem Großcousin, der in New York eine Schusterei betrieb, einen Brief schreiben. Sie ging ins Fotolabor, um ihre letzten Bilder einzusammeln. Als sie die Abzüge in eine Kladde schob, kam Arau herein. Luise wollte die Fotos schnell verbergen, doch Arau nahm sie ihr vorsichtig aus der Hand. Sein Oberkörper war ihr unangenehm nah, und sie roch seinen parfümierten Atem. Arau blätterte behutsam die Abzüge durch, verweilte bei dem Bild des Großvaters, dessen ernstes, wettergegerbtes Gesicht wie ein Spiegelbild der zerklüfteten Gebirgskette im Hintergrund wirkte.

»Sie haben viel Gespür für die Komposition von Bildern.«

»Eigentlich versuche ich nicht, die Bilder zu komponieren, ich will nur alles Unwesentliche weglassen«, sagte Luise.

»Haben Sie das hier mit der Retina gemacht?«

»Ja.«

Arau sah sich Fotos von ölverschmierten Gesichtern in einer Fabrik an, zwei Halbweltgestalten mit Schiebermützen, schließlich einen alten zahnlosen Juden, der Lumpen sammelte.

»Und das hier?«

»Ein Lumpensammler.«

»Ich meine, mit welcher Kamera haben Sie das geschossen?«

»Mit einer Blessa. Die habe ich gebraucht gekauft.«

Arau nickte. Luise hatte also ihre Privatfotos im Labor der Redaktion entwickelt.

»Aber Fotopapier und Filme habe ich selbst mitgebracht.«

»Schon gut. Waren Sie schon einmal in der Schweiz?«, fragte Arau schließlich.

Luise schüttelte den Kopf.

Arau tippte sich an die Nase und grinste.

»Ich habe das Gefühl, irgendeiner wird es jetzt probieren.«

»Ich verstehe nicht.«

»Bis zur Eröffnung der Olympiade sind es nur noch vier Wochen, und der Juli ist, wenn ich die Bücher richtig interpretiere, der ideale Eiger-Monat, oder?«

Luise wollte es nicht glauben. War sie das, die zweite Chance?

Als Toni am Morgen um fünf Uhr aus dem Waschraum kam und an der Tür der Schreibstube vorüberging, sah er Andreas, in Uniform und mit gewichsten Stiefeln, vor dem Hauptfeldwebel stehen. Hauptfeldwebel Gessner war ein gutmütiger Mittvierziger, der hin und wieder ein Auge zugedrückt hatte, wenn es um Kurz und Hinterstoisser ging, aber nun war er außer sich.

»Sie wagen es, mich um diese Uhrzeit zu stören! Nennen das eine ›dringende dienstliche Angelegenheit‹?«

Toni, noch in Socken und Unterwäsche, rannte auf seine Büro, zog sich schnell die Uniform über und lief, während er an den Knöpfen herumnestelte, zurück zu Gessners Büro. Andreas war in seiner derzeitigen Verfassung zu jeder Dummheit fähig. Wollte er etwa unehrenhaft entlassen werden?

»Soll das eine Drohung sein?«, schrie Gessner.

»Es ist eine Bitte.«

»Sie haben keine Bitten zu stellen. Zwei Wochen … Sie sind nicht bei Trost. Glauben Sie, ich weiß nicht, was Sie im Schilde führen? Juli, da spielt ihr alle verrückt. Ich weiß, das ist der Klettermonat. Treiben Sie es nicht auf die Spitze, Hinterstoisser. Hätte ich auf Ihren direkten Vorgesetzten gehört, dann wären Sie längst strafversetzt.«

»Es geht nicht ums Klettern, es geht ums Heiraten.«

»Lügen Sie mich nicht an. Wenn Sie unehrenhaft entlassen sind, steht Ihnen kein Groschen zu. Und wer braucht zum Heiraten schon zwei Wochen?«

»Ich«, sagte Toni, und Andreas traute seinen Ohren nicht. Sein Freund war neben ihn getreten.

»Die Hochzeit findet in Berlin statt, deshalb müssen wir reisen. Gefreiter Hinterstoisser ist mein Trauzeuge.«

Gessner war sprachlos. Er ließ sich gegen die Stuhllehne fallen und seufzte. Seine kleinen grünen Augen flitzten zwischen den Gefreiten hin und her. Gessner hatte graue kurze Haare, seine Pausbacken standen in einem merkwürdigen Gegensatz zu seinem drahtigen Körper. Schließlich erhob er sich wieder und unterschrieb seufzend den Urlaubsschein.

»Gehen Sie damit in die Kommandantur, und lassen Sie sich zwei Passierscheine ausstellen. Aber ich warne Sie, die

Papiere sind nur auf der Strecke nach Berlin gültig. Wenn ich erfahre, dass irgendetwas anderes dahintersteckt, dann fliegen Sie aus der Truppe, haben Sie mich verstanden?«

»Jawohl«, schrien beide, dann salutierten sie und verließen das Zimmer.

Als der Morgenappell vorüber war und sie den Stubendienst verrichteten, zog Toni unter der Matratze seiner Nachbarpritsche, wo der Gefreite Müller, ein untersetzter pickeliger Bauernlümmel aus dem Oberland, schlief, ein illustriertes Heftchen hervor.

»Schau dir diesen Sauigel an.«

»Der muss sich seine Braut halt erdichten.«

»Schöner als Schillers ›Glocke‹: Mit dem hochmodernen Dauerstraps von ›Denulit‹. Komfort, Hygiene und Formschönheit für das Bein der deutschen Frau.«

Andreas ließ den Mopp gegen die Eisengestelle krachen. Seit einer Woche spielten sie Stubenmädchen und schrubbten sich immer mehr in Wut.

»Hat ja nicht jeder so ein Glück wie du, dass ihm die Bräute aus der Hauptstadt nachrennen, selbst wenn er sie vor aller Augen abblitzen lässt.«

»Was meinst du?«

»So wie du die Luise beim Kronenwirt behandelt hast, da hätte keiner geglaubt, dass ihr eure Hochzeit plant.«

»Du weißt, seinem Schicksal entkommt man nicht.«

Andreas nickte und schaute Toni ratlos an. Der genoss es, dass sein Freund offensichtlich nicht bis drei zählen konnte.

»Jetzt schau nicht so belämmert. Wir müssen uns sputen. Zwei Wochen sind knapp, vier, fünf Tage brauchen wir allein für Hin- und Rückfahrt.«

»Willst du mit dem Fahrrad fahren?«

»Warum nicht?«

»Du spinnst, wir haben doch Freifahrtscheine für die Bahn.«

»Aber nur nach Berlin.«

»Ja, natürlich nach ...«

Andreas hielt inne, und als er die kleinen Fältchen in Tonis Augenwinkeln sah, wusste er Bescheid.

»Nein, Toni!«

Er sprang mit seinen Stiefeln über das Bett und fiel Toni um den Hals. Er hüpfte, würgte ihn, bis sie beide hinfielen.

Als er sich beruhigt hatte, fragte er:

»Und was hat dich umgestimmt?«

»Ich kann dich doch nicht allein da hoch lassen«, sagte Toni. Er setzte sich auf sein Bett und schaute Andreas an.

Der setzte sich neben ihn, schlug ihm ein paar Mal heftig auf den Oberschenkel, ließ sich nach hinten fallen und sagte:

»Weißt du, was das heißt, wenn wir es schaffen? Unser Bild wird in jeder deutschen Zeitung sein. Was sag ich – auf der ganzen Welt. Ist dir das klar? Zwei kleine Gefreite, nicht so ein englischer Lord, der zum Vergnügen auf einen Gipfel spaziert.«

»Wenn wir es nicht schaffen, sind wir aber auch unseren Sold los, und jeder in Berchtesgaden wird über uns lachen.«

»Daran, dass wir es vielleicht nicht schaffen, dürfen wir gar nicht denken.«

Toni wurde ernst und packte Andreas an den Armen.

»Falsch, Andi, genau daran müssen wir denken. Wir müssen von Anfang an mit einkalkulieren, dass wir es vielleicht nicht schaffen. Der Abstieg aus der Wand ist mindestens so schwierig wie der Aufstieg. Wir müssen uns den Rückzug immer offen halten. Immer.«

»Aber ...«

»Andi, versprich es mir.«

Andreas nickte.

»Ist gut. Aber über den Ostgrat geht es viel leichter runter, wenn wir erst einmal oben sind.«

»Andi.« Aus Tonis Stimme war jede Wärme gewichen. »Versprochen.«

Er schlug in Tonis offene Hand ein. Dann zündete sich jeder eine Zigarette an, sie ließen sich auf den Rücken fallen und bliesen den Rauch an die Decke.

Als der Spieß brüllend in die Stube trat, stand Andreas aufreizend langsam auf, trat die Zigarette aus und fegte sie auf den Kehrrichthaufen. Dann stellte er lächelnd den Besen zurück und salutierte.

Der Spieß kochte vor Wut. Was gab es Schöneres?, dachte Toni triumphierend.

II.

»Ich wusste, dass ich ja eigentlich schon längst mit allen Fasern meines Herzens Bergsteiger war; allein erst auf der weißen Gipfelplatte dieses ganz so vermenschlichten und doch so rätselhaften Wunderberges sprach eine Stimme in meiner Seele zu mir: Die erste Stufe hast du nun erklommen. – Und ich blickte damals sehnsuchtsvoll zur Ferne, zur weiten, blauen Ferne, die die Zukunft barg …«

Leo Maduschka

Emil Landauer, ein zweiundfünfzigjähriger jüdischer Geschäftsmann aus Wien, war übergewichtig, neigte zu Asthma und hatte immer schon ein schwaches Herz gehabt. Eine der Klappen des empfindlichen Organs schloss nicht richtig. Als Kind war er deshalb von seinen Eltern zweimal im Jahr in die Berge geschickt worden. Er sollte dort mit seinem Onkel, einem spleenigen Veterinär, Hobbybotaniker und passionierten Bergsteiger aus Triest, ausgedehnte Wanderungen unternehmen, um Herz und Lungen zu stärken. »Paul Preuß hatte Kinderlähmung, und das Bergsteigen hat ihn kräftiger als jeden seiner Mitschüler gemacht«, sagte seine Mutter immer.

Emil Landauer hasste die Berge und ihre Fauna, und sein Onkel hasste den lahmen Emil. Er war Vorsitzender der Sektion »Küstenland« des Deutschen und Österreichischen Alpenvereins, seine Touren galten als Marksteine alpinistischer Entwicklung in den Julischen Alpen, und dieser pummelige Neffe, den er da mitschleppte, stellte seine Autorität in Frage.

Doch das war lange her. Fast dreißig Jahre lang hatte Emil Landauer sich dem Regiment seiner Mutter gebeugt, er hatte morgens Kneippbäder über sich ergehen lassen und seinem bergsteigenden Onkel Weihnachtskarten geschrieben. Dann hatte er seine eigene Importfirma gegründet, bezog im VIII. Bezirk eine prunkvolle Garçonnière und feierte seine Wiedergeburt. Wie sich denken lässt, spielten in Landauers zweitem Leben Wanderungen keine Rolle. Emil Landauer liebte historische Abhandlungen, außerdem Schach- und Stoß-Spiel, Zigarren, im Fass gereifte Rotweine und Blondinen mit Vergangenheit.

Eine von ihnen, Elisabeth, hatte er vor einem Jahr geehelicht, ohne zu wissen, dass sie, die aus einem Wiener Arbeiterbezirk stammte und nie weiter als bis Grinzing gekommen war, die Berge über alles liebte. Auf rein theoretische Art, versteht sich, denn bisher war sie nie im Hochgebirge gewesen. Sie wusste nicht, was es hieß, sich schwitzend und keuchend auf einem steinigen Pfad bergan zu quälen, um nach all diesen Strapazen als Belohnung ein Glas Wasser und einen Streifen grünlich schillernden Speck zu bekommen.

Ein Jahr lang hatte Emil Landauer dem Drängen seiner anmutigen Gattin widerstanden. Er hatte mit ihr Reisen nach Paris, München, Venedig und Salzburg unternommen. Doch die prunkvollen Metropolen hatten Frau Landauer nicht von ihrer Passion kurieren können, im Gegenteil: ihre Sehnsucht nach dem Gebirge war größer denn je.

Eines Tages also hatte Emil Landauer an einem schwülen Sonntagnachmittag, Elisabeth saß in all ihrer verführerischen Nacktheit am Schminktisch, während er vom Mittagsschlaf noch benommen war, beim Anblick der feinen Grübchen neben ihren Lendenwirbeln nachgegeben. Eine Woche im Hochsommer hatte er ihr zugestanden, eine Woche, in der sein Importbetrieb für Kakao- und Kaffeebohnen gut ohne ihn auskam. Er hatte den Zeitpunkt gewählt, Elisabeth das Ziel.

Maßlos, wie sie war, und verdorben durch das Geschwätz ihrer Freundinnen, hatte sie die Schweiz gewählt, das Hotel Bellevue auf der Kleinen Scheidegg, im Berner Oberland. Ein Luxushotel, knapp dreißig Jahre alt. Es war auf rund zweitausend Höhenmetern am Eiger errichtet worden und wegen seiner Terrasse berühmt, von der aus man auf die Nordwand wie auf eine gewaltige Kinoleinwand schaute. Wenn man Glück hatte, konnte man durch eigens errichtete Fernrohre beobachten, wenn eine Seilschaft in eben diese Wand einstieg. Dass jedoch eine solche Seilschaft auch wieder lebend zurückgekommen wäre, hatte noch keiner gesehen.

Elisabeth Landauer saß neben ihrem Gatten in der Jungfraubahn und war wie verzückt angesichts des Panoramas. Rumpelnd schob sich der Waggon aus einem sommerlich grünen Tal in eine fremde Welt aus Fels, Eis und Schnee. Das Bergmassiv türmte sich so gewaltig, dass es einem fast die Kehle zuschnürte.

»Emil, ist das nicht prachtvoll«, rief Elisabeth.

Doch ihr Mann hatte sich hinter der Zeitung verschanzt, las die Handelspreise für Kakao- und Kaffeebohnen in London und Berlin und brummte, an der Riviera könne man die Berge vom Strand aus sehen.

Als Landauers ihre kleine Suite bezogen und die Koffer ausgepackt hatten, trat Elisabeth hinaus auf den Balkon. Sie betrachtete die Wand und sagte:

»Stell dir vor, wenn es ausgerechnet in dieser Woche passiert!«

»Was passiert?«, fragte Landauer, warf sich in einen Sessel und zündete sich eine Zigarre an.

»Na, wenn die Nordwand fällt.«

»Wenn die Nordwand fällt, sind wir hin.«

Landauer schaute seine junge Frau an. Seine Laune hatte sich gebessert, seit er den Salon und das Raucherkabinett des Hotels gesehen hatte. Und der Anblick Elisabeths, dieses fünfunddreißigjährigen schlanken Geschöpfs, das in einem billigen Sommerkleid genau so aufreizend wirkte wie in einem schweren Nerz, sorgte dafür, dass er sich rundum wohl fühlte. Ihm konnte es egal sein, ob er auf die

Nordwand oder den Canale Grande schaute. Solange ihn keiner zum Wandern zwang, würde er die Urlaubstage genießen, indem er »Die Geschichte der Kreuzzüge« las. Elisabeth würde sich mit der Aussicht von der Terrasse begnügen, das wusste er, sie war nicht die Frau, die sich grundlos plagte, dazu war ihre Kindheit, wie sie gern erwähnte, zu entbehrungsreich gewesen.

Toni saß in der Wohnküche und wartete auf Andreas. Die Großmutter schnitt Kohlrabigemüse für den nächsten Tag, Toni betrachtete ihre knotigen Finger, die sich um das kleine Messer bogen.

»Großmutter?«

Sie schaute auf. Über ihre grünlichen Pupillen schien sich im Laufe der Jahrzehnte ein feiner Schleier gelegt zu haben, doch ihr Blick war so warmherzig wie immer, vor allem wenn sie Toni betrachtete. Sie hatte ihre Tochter nie verurteilt, aber sie wusste, wie sehr Toni gelitten hatte.

»Würdest du mir ein Paar Handschuhe stricken?«, fragte Toni.

»Jetzt, im Sommer?«, fragte die Großmutter. »Ich mach sie dir nach Erntedank.«

Toni schüttelte den Kopf.

»Ich brauche sie jetzt.«

Die Großmutter schaute Toni durchdringend an, bis dieser grinste. Sie stellte den Topf in die Spüle und holte ihren Strickkorb. Und als Andreas endlich draußen gegen die Scheibe klopfte, hatte sie bereits die ersten drei Maschenreihen fertig.

Die beiden Freunde stiegen in die kleine Dachstube des Josephsheims hinauf, steckten sich ihren schwarzen Tabak an und erstellten einen Zeit- und Kostenplan ihrer Unternehmung. Die 1800 Höhenmeter in der Wand waren vielleicht das kleinste Problem bei der Sache. Die zwei Freunde brauchten eine – für ihre Verhältnisse – Unmenge an Material: mindestens vierzig Mauerhaken, zehn Eishaken, zwanzig Karabiner, Biwaksäcke, Benzinkocher, Eispickel und Proviant. Außerdem Seile und Reepschnüre, ein Zelt und eine Bargeldreserve. All das musste ohne viel Aufsehen organisiert werden, denn wenn der Kompaniechef von ihrem Vorhaben erfuhr, kamen sie in Teufels Küche.

Sechzig Mark würde das Material kosten.

»Die könnte ich zusammenkriegen, wenn ich Großvater um ein kleines Darlehen bitte«, sagte Toni. »Hast du genügend Winterkleidung?«

Andreas nickte. Er schaute das Schwarzweißporträt von Peter Müllritter an, das Toni an die Dachschräge gepinnt hatte, direkt über seinem Kopfkissen. Müllritter war ein paar Jahre älter, und er hatte eine grandiose Bergsteigerkarriere gemacht. Schon mit vierzehn hatte er eine Erstbegehung am Knittelhorn geschafft, dann folgten Erstbesteigungen am Hörndl und am Mühlsturzhorn. Vor zwei Jahren war er bei der Nanga-Parbat-Expedition unter Willy Merkl dabei gewesen. Aber er war nicht nur einer der besten Bergsteiger ihrer Zeit, sondern auch gleichzeitig Fotograf und Kameramann. Er ging die Strecke oft mehrmals, um sein Material nachzuholen oder die beste Kameraeinstellung zu suchen. Für ihn war das Bergsteigen zum Beruf und Broterwerb geworden, weil er unter den Bergsteigern etwas Besonderes war. Das wollten Andreas und Toni auch werden.

Toni wartete immer noch auf eine Antwort, und so sagte Andreas zerstreut:

»Ich hab zwar keine Oma, die mir neue Handschuhe strickt, aber ich bringe schon die Sachen auf. Mit dem Geld müsste es sich gerade so ausgehen.«

Andreas stammte aus einer Angestelltenfamilie. Sein Vater war Buchhalter in der Molkerei, seine Mutter Verkäuferin, eine Zugereiste aus Passau. Der Vater dagegen war oben in den Bergen auf einer Alm aufgewachsen, wo noch heute die Großeltern lebten. Aber er war früh ausgebüchst und hatte in München eine Handelsschule besucht. Wie er die Ausbildung finanziert hatte, war allen ein Rätsel und deshalb Gegenstand wenig schmeichelhafter Gerüchte.

»Denk auch an die Fahrkarte für den Zug. Das sind noch mal fünfzehn Mark.«

Andreas stutzte.

»Wir wollten doch mit dem Rad fahren.«

»Das sind über fünfhundert Kilometer.«

»Schaffen wir.«

»Andi, mit dem Fahrrad brauchen wir für Hin- und Rückreise mindestens zehn Tage. Das bedeutet, wir haben für Auf- und Abstieg nur vier Tage, und wir sind schon erschöpft, wenn wir am Eiger ankommen.«

»Hundert Kilometer am Tag machen uns nicht müde. Das ist das ideale Training.«

»Wenn man nach der Tour ausruhen kann. Aber wir müssen am 21. Juli wieder in der Kaserne sein.«

»Jetzt vergiss einmal den Dienst. Wenn wir auf dem Eiger stehen, dann erwartet keiner, dass wir am 21. wieder Mulis striegeln. Da fliegen wir erst einmal nach München und nach Berlin und lassen uns Kränze umhängen.«

Toni schüttelte den Kopf.

»Wir hätten das viel länger vorbereiten müssen.«

»Wir hätten ein bisschen Material mitgehen lassen sollen«, meinte Andreas.

»Der Schmied muss uns noch ein paar Haken machen.«

»Aus Eisen? Die sind schwer und zu weich.«

»Aber der Schmied macht sie uns vielleicht umsonst.«

»Und was sagen wir ihm, wozu wir auf einmal so viele Haken brauchen?«

Toni zuckte mit den Schultern.

»Er wird keine Fragen stellen. Nur meinen Großvater muss ich einweihen, sonst macht er mir kein Seil.«

Als Toni Andreas verabschiedet hatte und in die Stube kam, saß dort der Großvater. Er machte ein grimmiges Gesicht, wie immer, wenn er die Futtermittelrechnungen abheftete. Toni setzte sich, aber der Großvater sah nicht einmal auf.

Nach minutenlangem Schweigen fragte er:

»Wozu brauchst du Handschuhe?«

»Für …« Toni hielt inne, als er das zornige Funkeln in den Augen des Alten sah.

»Lüg mich nicht an!«, schrie er.

Toni war verblüfft. Für gewöhnlich äußerte der Großvater seinen Unmut nur mit stillen Gesten oder sturem Schweigen.

»Wir wollen den Eiger machen.«

Der Großvater sprang auf und ging im Raum auf und ab, schüttelte den Kopf, schlug mit der Faust in die offene Handfläche.

»Als ob es bei uns nicht genug Berge gäbe.«

»Das ist ein ganz besonderer Berg.«

Der Großvater nickte.

»Ich habe davon gehört. Das ist Hoffahrt, was ihr da betreibt. Der Allmächtige hat uns unsere Berge gegeben, und wenn ihr Dienst tut oder eure Kräfte messen wollt, dagegen gibt es nichts einzuwenden. Aber auf den Eiger, da treibt euch nur eitle Ruhmsucht. Das war doch nicht deine Idee, Toni, oder? Den Floh hat dir der Andi ins Ohr gesetzt.«

Toni schüttelte den Kopf.

»Wer dann, die Luise vielleicht? Seit das Mädel hier war, bist du wie ausgewechselt.«

»Ich will es, nur für mich allein.«

»Dann ist es so falsch, wie ich sage. Man tut nichts für sich allein. Und wenn doch, ist es Sünde. Wann wollt ihr los?«

»Morgen Nachmittag.«

Der Großvater saß am Stubentisch und schaute starr vor sich hin, die Großmutter strickte ein Bündchen an den Handschuh und schien nichts gehört zu haben. Doch als Toni zu ihr hinsah, hielt sie kurz inne.

Toni ging hinaus und ließ sich die überraschend kühle Nachtluft ins Gesicht blasen. Mit dem Seil wurde es wohl nichts, mit dem Taschengeld sowieso nicht. Der Wind kam aus den Bergen, roch nach nassem Fels und Schnee. Als Toni sich ins Bett legte, pochte sein Herz. In zwei Wochen würde sein Leben vollkommen anders aussehen. Oder – auch dieser Gedanke zuckte ihm durch den Kopf – es war vorbei. War es tatsächlich Hochmut, der ihn trieb?

Er fand nicht in den Schlaf, fragte sich immer wieder, wo seine Mutter jetzt wohl war, ob sie bei diesem Mann lag, ob sie schlief, lachte, weinte. Schließlich stand er auf und nahm ein Blatt Papier, tunkte die Feder ins Tintenfass. Was auch immer gewesen war – sie hatte einen letzten Gruß verdient.

»Geliebte Mutter«, schrieb er, hielt inne, verbesserte: »Liebe Mutter«. »Liebe Mutter«?, das klang zu nichtssagend. Nur »Mutter«? »Morgen breche ich auf in die Schweiz. Wir wollen die Nordwand des Eiger …« Wie dumm das alles klang. Was wollte er ihr eigentlich sagen? Es zog wieder in seinem Magen, er hasste dieses Gefühl, aber schlafen würde er damit nicht können. Es musste heraus aus ihm.

Er schrieb einen Brief nach dem anderen, »Warum hast du mich nicht mitgenommen?«, fragte er sie. »Warum hast du nur an dein Vergnügen gedacht?« Wie jämmerlich diese Fragen klangen! Aber warum hatte sie ihn nie nachgeholt? »Ein unschuldiges Kind«, schrieb er und kam sich wieder lächerlich vor. Unschuldig? Er war über ihrem Kopf über die Wäscheleine balanciert, über das Geländer am Gänsesteg. Er hatte es geliebt, wenn sie vor Angst um ihn blass wurde. Keine Frage, er hatte sie tyrannisiert. Mit seinen vorwurfsvollen Blicken, die sich in ihren Rücken bohrten, wenn sie sich schminkte, ehe sie abends ausging. Hätte er nicht viel großzügiger sein müssen? Aber wie konnte ein Kind von acht Jahren großzügig sein? Was ich ihr sagen will, ist, wie sehr sie mir fehlt, dachte er, aber stimmte das denn noch? Er unterschrieb den Brief, las ihn durch, zerriss ihn dann und warf ihn in den Papierkorb. Der Großvater würde damit am nächsten Tag den Ofen anschüren, und dieser Gedanke hatte endlich eine lindernde Wirkung.

Toni fiel in einen traumlosen Schlaf. Und als er am nächsten Morgen in die Küche kam, lag ein neues Dreißig-Meter-Seil auf seinem Stuhl. Der Großvater schlief noch in seiner Kammer. Er hatte die ganze Nacht gearbeitet.

Luise saß Arau gegenüber und studierte dessen blasses, weiches Gesicht. Die Redaktion hatte mit den Spesen nicht gegeizt. Die Polster des Erste-Klasse-Abteils waren weich und mit dunkelrotem Samt bezogen. Arau war über der Lektüre seines Paulcke-Bandes eingeschlafen. Seine Lesebrille war verrutscht, sein Mund stand ein wenig offen. Luise wurde aus dem Mann nicht recht schlau, aber eines wusste sie: Sie durfte ihn nicht unterschätzen, sie musste auf der Hut sein, auch wenn Arau sich bisher korrekt verhalten hatte.

Henry Arau war in Königsberg aufgewachsen. Sein Studium in Berlin hatte er sich als Nachtportier und Zeitungsjunge finanziert. Hin und wieder reichte er eigene Artikel bei der Redaktion ein. Einunddreißig davon wurden abgelehnt, beim zweiunddreißigsten schließlich klappte es. Er wurde gedruckt, gegen ein lächerliches Honorar. Luise hätte nicht so lange durchgehalten, da war sie sicher. Schon die zweite, dritte Ablehnung hatten sie an sich zweifeln lassen. Aber Arau war zielstrebig und konsequent. Er hatte Stenografie, Maschinenschreiben und zwei Fremdsprachen gelernt und sich Stil angeeignet, nicht nur beim Schreiben. Hinter seinen manchmal geradezu übertrieben geschliffenen Manieren hätte man nie den kleinen Postbeamten und die Änderungsschneiderin vermutet, die seine Eltern waren.

Arau mochte nicht ganz koscher sein, aber man konnte von ihm lernen: Zielstrebigkeit, Konsequenz, Disziplin. Luise würde Fotos mit nach Berlin bringen, an denen die Redakteure nicht vorbeikamen. Doch dazu musste sie unbedingt dicht rankommen an die Kletterer, sie direkt am Berg in schwierigen Situationen zeigen, denn Fotos, auf denen Berghelden vor oder nach dem Aufstieg posierten, gab es genug. Doch dazu hätte sie mitklettern müssen. Es gab zwar die Jungfraubahn, die Touristen durch einen langen Tunnel auf einen fast dreieinhalbtausend Meter hoch gelegenen Aussichtspunkt in der Wand zum Jungfraujoch brachte. Eine Zwischenstation führte direkt auf die Eigerwand hinaus. Aber würde sie so nah genug an die Kletterer herankommen? Luise fertigte eine Skizze der Mehringer-Sedlmayr-Route an und trug den Aussichtspunkt der Grindelwandbahn ein. Er lag viel weiter westlich. Aber vielleicht brachte man von dort die Berghelden mit dem 120-Millimeter-Objektiv ins Bild.

Luise las alles, was sie über die Eigerbesteigung bekommen konnte, Bücher, Depeschen und Zeitungen, die sie an den Bahnhöfen gekauft hatte. Ein Züricher Blatt erwähnte einen möglichen Boykott der Olympischen Spiele, eine Gegenolympiade in Barcelona, die von einem Pariser »Komitee zur Verteidigung der olympischen Idee« und amerikanischen Menschenrechtsbewegungen gefordert wurde. Im Internationalen Olympischen Komitee sei es zu einer Zerreißprobe gekommen, und nun erwarte man mit Spannung, wie sich Avery Brundage, der Abgesandte des amerikanischen Nationalen Olympischen Komitees, entscheiden werde. Er sei auf einer Deutschlandreise, um sich selbst ein Bild zu machen vom Dritten Reich und den neuen Machthabern. In den deutschen Zeitungen hatte es nur geheißen, man erwarte mehr Nationen und mehr Sportler denn je zu den Spielen.

Als Luise und Arau am späten Vormittag des 9. Juli 1936 auf der Kleinen Scheidegg, einer Alm auf zweitausend Metern Höhe mit atemberaubendem Blick auf das gewaltige Dreigestirn von Eiger, Mönch und Jungfrau, eintrafen, herrschte dort Jahrmarktstimmung: Großstädter, Senner, Journalisten, Bergführer, Souvenirverkäufer und Ausflügler tummelten sich auf dem Plateau vor dem Hotel Bellevue. Die Sonne schien, aber ein frischer Wind trieb graue Wolken über das Eigermassiv. Die Schatten sprangen gespenstisch schnell über den Fels.

Seit drei Tagen waren Edi Rainer und Willy Angerer aus Salzburg da. Sie waren am 6. Juli in die Wand eingestiegen und bis an die Rote Fluh herangekommen. Dort hatten sie biwakiert und waren wieder herabgestiegen. Seither wurden sie von Journalisten belagert.

Arau winkte in seiner lässigen Art, und ein Kofferträger

des Hotels nahm Luise das Gepäck ab. Als sie das Foyer betraten, stockte Luise der Atem. Außen hatte das Hotel wie ein großer rustikaler Berggasthof gewirkt, eine schlichte Holzfassade mit grün lackierten Fensterläden. Innen herrschte mondäner Luxus, wie in einem englischen Club: Schwere Teppiche, Kristalllüster, Ledersessel und livrierte Saaldiener. Stimmen und Beleuchtung waren gedämpft wie in einer Kathedrale.

»Nicht schlecht, oder?«, fragte Arau, als er Luises Blick sah. »Und das Beste: alles auf Spesen.«

Ein Mann in schwarzem Anzug, Lackschuhen und mit pomadisiertem Haar – er stellte sich als Hoteldirektor vor –, gab Luise einen Handkuss und begrüßte dann Arau.

»Wir haben Ihnen ein herrliches Zimmer mit Blick auf die Wand reserviert. Die Frau Gemahlin wird begeistert sein.«

Luise presste die Kiefer aufeinander. Was bildete dieser Arau sich ein? Dass er sie mit ein bisschen Luxus kaufen könne? Doch Arau lachte:

»Schön wär's, wir sind Kollegen. Sie müssten auch eine Reservierung auf den Namen Fellner haben.«

»Ah ja, Pardon«, sagte der Hotelier, blätterte hektisch im Gästebuch und winkte zwei Pagen herbei.

Die erste Hürde, die Andreas und Toni zu nehmen hatten, waren die Grenzkontrollen. Als Wehrmachtsangehörige durften sie ohne Passierschein nicht ins Ausland. Nach Österreich war es zwar nur ein Katzensprung, und für Kletterer war die grüne Grenze ein Klacks: Diesmal mussten sie jedoch unbedingt die Fahrräder mitnehmen, Klettern kam nicht in Frage. Seit sich die Beziehungen zwischen Deutschland und Österreich verschlechtert hatten, weil die nationalsozialistische Bewegung die Unabhängigkeit Österreichs mit Propagandaveranstaltungen und Dynamitanschlägen sabotierte, hatten Deutsche bei der Einreise nach Österreich außerdem eintausend Reichsmark Gebühr zu bezahlen, für Andreas und Toni ein Ding der Unmöglichkeit. Das wussten auch die Grenzer, die sie von vielen ihrer Klettertouren kannten und sie jedes Mal passieren ließen, nachdem sie ihnen das Versprechen abgenommen hatten, dass sie den Mund hielten und am Abend zurück wären. Doch als sie diesmal an ihrem gewohnten Übergang eintrafen, standen am Schlagbaum zwei uniformierte Burschen, die sie nie gesehen hatten.

»Papiere«, sagte der eine, ein hagerer Gefreiter mit preußischem Akzent.

»Wir sind der Hinterstoisser Andi und der Kurz Toni.«

»Ach ja? Papiere.«

Für einen Moment überlegten die beiden, ob sie umkehren sollten, doch dann hätten sie Verdacht erregt, und man hätte sie gestellt. Neben dem Grenzhäuschen stand eine BMW.

Der hagere Grenzer schaute in die Papiere und sagte:

»Sie sind Wehrmachtsangehörige, in Berchtesgaden stationiert?«

»Jawohl.«

»Wo ist der Auslandsschein?«

»Wir wollen nur zum Klettern, wie jedes Wochenende, Sie sehen doch, dass wir Gebirgsjäger sind«, sagte Toni.

»Ich kann da keinen Zusammenhang erkennen.«

»Fragen Sie Ihren Vorgesetzten, wir sind der Kurz Toni und Hinterstoisser Andi.«

»Das sagten Sie bereits. Aber das hebt die Wehrgesetze nicht auf. Ich muss Sie leider melden.«

Während der Hagere in der Baracke verschwand, schaute der andere, ein pummeliger Grünschnabel, verlegen auf den Boden.

»Kein Vergnügen, mit so einem Bleistiftspitzer Dienst zu tun, was?«, sagte Andreas.

Der Grenzer wurde rot. Was sollten sie tun? Weiterfahren? Dann waren sie ihre Papiere los. Der Preuße kam zurück und sagte:

»Ihr Kompaniechef Konrad will sie sprechen.«

Andreas senkte den Blick, also ging Toni mit in das Grenzhäuschen.

»Gefreiter Kurz, zu Befehl«, meldete sich Toni.

»Sie sind unterwegs nach Berlin?«, fragte Konrad.

Toni zögerte. Es wäre idiotisch gewesen, zu lügen.

»Wir wollten den Abschied vom Junggesellendasein gebührend feiern.«

Konrad räusperte sich.

»Haben Sie tatsächlich nichts als Klettern im Sinn? Ich hörte, Sie hätten reichlich Gepäck dabei.«

»Nur zur Sicherheit, falls wir biwakieren müssen.«

»Sie werden nicht auf ausländischem Boden biwakieren, haben wir uns verstanden? Sie kennen die Dienstvorschriften. Ich müsste ein Verfahren gegen Sie einleiten.«

Toni schwieg.

»Heil Hitler, und geben Sie mir noch einmal den preußischen Junker.«

Toni schickte den Grenzer ans Telefon und zwinkerte Andreas zu.

Der Grenzer kam nach einiger Zeit, mit hochrotem Kopf.

»Das kostet dann zweitausend Reichsmark«, sagte er.

»Heißt das, wir können weiter?«

»Haben Sie den Betrag?«

Andreas schaute den Uniformierten böse an.

»Sehen wir so aus, als ob wir zweitausend Mark übrig hätten? Für einen Kletternachmittag?«

Der Hagere verzog keine Miene. Toni und Andreas wussten sich keinen Rat. Wieso hatten sie nicht erst einmal aus der Ferne die Lage an dem Kontrollpunkt gepeilt? Ausgerechnet heute – ein Neuer! Sollten sie jetzt einfach umkehren? Nach all dem Ärger? Da öffnete der Grenzer plötzlich schweigend den Schlagbaum. Die Freunde traten in die Pedale.

12. Juli, 22.30 Uhr

Am späten Abend des fünften Tages hatten sie die Kleine Scheidegg erreicht. Andreas' Schläuche waren schon mehrfach geflickt, Toni hatte eine Acht im Hinterrad. Sie gingen breitbeinig, denn trotz des Hirschhornfettes, mit dem sie sich akribisch eingerieben hatte, waren ihre Oberschenkel wund gescheuert.

Die Fenster des Hotels waren hell erleuchtet, manchmal trug der Wind Klaviermusik und Gelächter heran, der Eiger war nur als finsterer Klotz zu erkennen. Hundemüde und schlecht gelaunt erreichten sie ihren Rastplatz. Als sie unweit in der Finsternis die Lagerfeuer entdeckten, war ihre Stimmung endgültig im Keller. Sie hatten gehofft, in aller Ruhe den Aufstieg zu planen, heimlich und nur sie beide. Aber sie waren nicht die Einzigen, die sich das so gedacht hatten: Ein Dutzend Bergsteiger hatten ihre Zelte aufgeschlagen. Und nicht nur das:

»Mensch, Andi, da ist schon jemand in der Wand«, rief Toni.

»Wie kommst du auf die Idee?«

»Hör mal!« Der metallische Klang eines Hammers.

»Heringe.«

»Nein, Haken.«

»Das können nur Anfänger sein.«

Sie lauschten in die Nacht und fragten einen jungen Burschen, der gerade sein Wasser abschlug, ob Bergsteiger in der Wand seien. Der zuckte die Schultern, vielleicht sei jemand auf Rekognoszierung.

Andreas und Toni schoben ihre Räder zwischen den Zelten hindurch, aus denen sie einen Mischmasch aus Französisch, Italienisch und Deutsch hörten. Sie grüßten zaghaft. Manchmal wurde ihr Gruß erwidert, aber erfreut waren die Konkurrenten über die Neuankömmlinge nicht.

Toni suchte einen Lagerplatz auf einem leicht abschüssigen Wiesenstück.

»Hier können wir doch nicht schlafen«, sagte Andreas, »wenn ich morgen früh aufwache, bin ich nach Berchtesgaden heruntergerollt.«

»Es sieht nach Regen aus, und hier säuft uns wenigstens das Zelt nicht ab.«

Sie teilten die Arbeiten auf, aber bei jeder Kleinigkeit lag Streit in der Luft. Hoffentlich nur die Erschöpfung, dachte Toni. Als er endlich im Schlafsack lag, kribbelte es in seinen Beinen wie tausend Ameisen. Er lauschte hinaus in die Nacht. Wenn der Wind nicht gerade an der Zeltbahn rüttelte, hörte man dieses leise Picken.

Toni wusste, dass auch Andreas nicht schlief.

»Stell dir vor, ausgerechnet heute Nacht schafft es jemand.«

»Du hast doch gehört, dass da nur jemand auf Rekognoszierung ist.«

Luise trat auf den Balkon ihres Zimmers und zündete sich eine Zigarette an. Sie starrte angestrengt in die Nacht. Da draußen war ihr Platz, nicht in diesem goldenen Käfig. Sie liebte die Bilder von Tina Modotti, diese einfachen, klaren Konturen ihrer Porträts. Die besten Fotografen leben bei den Menschen, die sie porträtieren, dachte sie. Schlafen auf denselben Lagern, essen dieselben Gerichte, hungern und frieren mit ihnen. Nur so können die Bilder wahrhaftig wirken. Luise fröstelte es in ihrem leichten Sommerkleid, aber sie musste zumindest in Erfahrung bringen, wer da draußen in den Zelten schlief, wer bereits die Wand erkundet hatte, wer als Erster los wollte. Manchmal leuchtete eine Taschenlampe auf oder der Schimmer einer Laterne.

»Sind Sie zufrieden mit Ihrem Zimmer?«

Arau, der das Zimmer neben ihr hatte, war ebenfalls auf den Balkon getreten und bot ihr eine Zigarette an.

»Das Hotel ist mir nicht wichtig.«

»Es gehört dazu zu unserer Geschichte.«

»Ich glaube, für Sie gehört die Geschichte zum Hotel. Wir sitzen hier, trinken Riesling und essen Wachteln, während da draußen vielleicht schon jemand in der Wand ist.«

Arau lachte.

»Sie sollten sich etwas Wärmeres überziehen, sonst liegen Sie die nächsten Tage im Bett. Es ist niemand in der Wand, ich habe mich informiert.«

»Ach ja, und was ist das für ein Geräusch?«

Sie lauschten in die Nacht, man hörte wieder das metallische Klackern.

Arau zuckte die Achseln.

»Da schlägt jemand Haken«, sagte Luise.

»Sie sind zu ungeduldig, das habe ich Ihnen schon einmal gesagt. Niemand klettert in der Nacht die Eigernordwand hoch.«

Arau reichte Luise einen Feldstecher, aber die Wand war nur als schwarzer Koloss zu erkennen, ein dreieckiges schwarzes Segel, in dem sich der Wind fing.

»Gute Nacht«, sagte Luise. Sie trat ihre Zigarette aus und ging zurück ins Zimmer. Dort zog sie sich einen

Pullover, Mütze und ihre Jacke über. Sie nahm ihren Notizblock, verließ das Hotel und ging über die Wiese am Wandfuß. Sieben Zelte. Fahrräder lagen im Gras, Wäsche und Seile waren zum Trocknen aufgehängt, in einigen Feuerstellen glomm noch die Glut.

Luise schaute sich die Räder genauer an, es waren französische und italienische Fabrikate dabei. Die Bergsteiger schienen zu schlafen. Da sah sie im feuchten Gras etwas schimmern. Einen Mauerhaken. Sie hob ihn auf. Das kalte Metall löste ein Schaudern in ihr aus. Wäre alles anders gekommen, wenn sie damals am Stadelhorn nicht abgerutscht wäre? Ein Fehltritt im steilen Fels, sie war ins Seil gestürzt, und Toni hatte sie angeschrien. Es war nichts passiert, Abschürfungen und ein paar blaue Rippen, aber Tonis Gesicht in jenem Moment ... Sie hatte plötzlich mehr Angst vor ihm als vor der Tiefe gehabt. Das war ein anderer Toni als auf den heimlichen Fluchten, bei den Touren auf sanften Anstiegen, als sie ziellos umherwanderten, zum ersten Mal im Zelt schliefen, gegen das Verbot von Luises Eltern. Sie hatte diesen Schreck nie vergessen können, vielleicht war da auch in Toni diese Art von Mann, die sie nicht haben wollte, trotz seiner sonst so sanften Art. »Ich hatte Angst um dich«, hatte Toni sich gerechtfertigt. Trotzdem war Luise seither nie wieder in eine Wand gegangen.

»Hey, klaust du uns die Schlosserei?«

Ein junger Bursche kam aus der Dunkelheit, zwei Feldflaschen in der Hand.

»Ich bin Reporterin«, sagte Luise.

»Und wozu brauchst du unseren Haken?«

Luise gab dem semmelblonden Mann, an dessen Dialekt man den Österreicher erkannte, den Haken zurück.

»Wann wollt ihr es denn probieren?«, fragte Luise.

»Hängt vom Wetter ab.«

Luise streckte ihm die Hand hin.

»Luise Fellner.«

»Edi Rainer.«

»Sagst du mir vorher Bescheid? Ich wohne drüben im Bellevue, Zimmer 40.«

13. Juli, 7 Uhr

Toni und Andreas wachten ausgeruht und munter auf. Aber das milchige Licht verhieß nichts Gutes. Der Himmel war bedeckt, und aus dem Tal stiegen Nebelfetzen. Tonis Stiefel waren kalt, und auch die Wäsche, die sie unter die Zeltbahn gespannt hatten, war noch klamm. Der Nebel gab so wenig von der Wand frei, dass man sich von unten unmöglich eine Route suchen konnte.

Die zwei Freunde sammelten Brennholz und zündeten mit einiger Mühe ein Feuer in der taufeuchten Wiese an, dann setzten sie Teewasser auf. Andreas schnitt große Kanten Brot ab, und die beiden hockten sich auf ihre Biwaksäcke.

»Das Wetter gefällt mir nicht«, sagte Andreas, während er in der Zeitung vom Vortag blätterte, die er in einem Gebüsch gefunden hatte. Dort war Lufthochdruck angekündigt worden, stabile Wetterlage.

»Wir bräuchten eine aktuelle Zeitung.«

Am Hotel Bellevue öffneten sich nach und nach die Fensterläden. Nobel gekleidete Herrschaften traten auf die Terrasse und plauderten, manchen wurde dort sogar das Frühstück serviert. Die Bergsteiger sahen zu den Hotelgästen hinüber und schwiegen, die Hotelgäste schauten zurück und debattierten angeregt.

»Warum gucken die so?«, fragte Toni.

»Die wollen wissen, was in unseren Köpfen vorgeht.«

»Dazu brauchen sie doch nur den Himmel anzuschauen.«

Aus dem Dunst lösten sich zwei Gestalten, behängt mit Mauerhaken, Karabinern und Seilen. Sie trugen schwere Jacken, an denen man den Schatten des abgetrennten SA-Emblems erkennen konnte: Edi Rainer und Willy Angerer. Also stimmte das Gerücht.

»Grüß euch!«, rief Andreas. »Und, wart ihr schon oben?«

Die beiden sahen sich mit abschätziger Miene an.

»Dann habt also ihr die ganze Nacht gehämmert. Ich dachte, ihr würdet kneifen«, fügte Andreas hinzu.

Die beiden schwiegen eisern und blickten mürrisch drein.

»Trinkt ihr eine Tasse Tee mit?«, fragte Toni.

Die beiden Österreicher setzten sich widerwillig. Andreas und Toni sahen, was für gutes Material sie hatten. Leichte Mauerhaken aus gehärtetem Stahl und nagelneue Seile. Aus den Stiefelkappen ragten Nagelspitzen, die für einen guten Halt im Eis sorgten.

»Trainiert ihr in der Wand?«, fragte Andreas.

»Wir haben ein Depot angelegt.«

»Wo?«, fragte Andreas.

»Das werden wir dir gerade auf die Nase binden«, erwiderte Angerer. »Aber es steht unser Name dran, falls jemand meinen sollte, die Sachen liegen da noch vom letzten Jahr.«

Jeder nahm einen Schluck Tee, dann fragte Toni:

»Kennt ihr die Wettervorhersagen?«

»Angeblich kommt eine Schönwetterfront.«

Sie betrachteten den Himmel.

»Und die SA lässt euch einfach so in die Schweiz? Noch dazu, wo ihr nicht einmal Deutsche seid?«, fragte Andreas.

»Euch hat die Wehrmacht ja auch gelassen.«

»Wie ist das denn so für euch Österreicher, in der SA, fern der Heimat?«

Keine Antwort.

»Also, mir würde Bayern fehlen, wenn ich bei euch drüben wäre.«

»Ist bald eh alles eins.«

»Wie meinst du das?«

»Die SA ist bald auch wieder in Österreich legal. Und dann ist der Schuschnigg so gut wie erledigt.«

»Wieso sollten die jetzt die SA wieder zulassen?«, fragte Andreas.

Rainer stand auf und sagte:

»Glaubt es, oder glaubt es nicht, wir haben parteiinterne Quellen. Ich hole ein bisschen Marmelade und Butter. Bei eurem Fraß vergeht einem die Lust aufs Frühstück.«

Als die beiden Österreicher verschwunden waren, sagte Toni zu Andreas:

»Hast du gesehen, was die bei der SA für eine Ausrüstung haben? Ich frage mich, was sie ins Depot gebracht haben.«

Andreas zuckte mit den Achseln.

»Wenn du nicht schwimmen kannst, hilft dir die beste Badehose nix.«

»Aber die beiden können schwimmen.«

Luise hatte sich den Wecker auf sechs Uhr gestellt. Vom Bett aus konnte sie die Eigerwand sehen, das heißt, sie konnte das sehen, was der Nebel preisgab. Kein Wetter zum Klettern. Sie drehte sich um und schlief noch zwei Stunden.

Als sie zum Frühstück in den Salon kam, saß dort Arau. Er sprang auf, rückte ihr den Stuhl zurecht und winkte einen Kellner herbei. Luise ertappte sich dabei, dass sie Araus Aufmerksamkeiten genoss, und das ging ihr gegen den Strich.

Mit am Tisch saßen Landauer und dessen Gattin, die so weltfremd waren, dass Luise sie komisch fand. Landauer zitierte beständig aus Werken der Weltliteratur, um zu begründen, warum er das Hotel nicht verließ.

»Alles Unglück der Menschen rührt von ihrer Unfähigkeit her, beschäftigungslos in einem Zimmer zu sitzen«, sagte Landauer.

»Alle Achtung. Von wem ist das?«, fragte Arau.

»Blaise Pascal.«

»Du bist wirklich ein Langweiler«, schaltete sich seine Frau ein.

»Sie hat Recht, den ganzen Tag auf dem Zimmer, und dann auch noch sitzen müssen …«, meinte Arau mit einem Augenzwinkern Richtung Luise.

»In einem Abenteuer zu stecken, beweist, dass jemand unfähig ist, dass er sich vertan hat«, sagte Landauer.

»Marcel Proust?«, fragte Arau.

»Nein, Vilhjalmur Stefansson: ›Das Geheimnis der Eskimos‹.«

»Nie gehört«, entgegnete Arau schulterzuckend.

Luise fand das Gespräch zwar unangenehm, aber weniger banal, als es sich anhörte. »Vielleicht müssen wir immer wieder unsere Grenzen erfahren, damit wir ein Gefühl für die Unendlichkeit bekommen«, sagte sie.

Die anderen schauten sie verdutzt an, Arau überspielte seine Verlegenheit, indem er die Backen aufblies.

»Der deutsche Bergsteiger träumt sich also in die Unendlichkeit?«, fragte Landauer grinsend und goss den Damen noch etwas Kaffee nach. »Ist das rassisch bedingt? Aber wohin träumt sich dann zum Beispiel … ein Österreicher?«

»Heim ins Reich«, sagte Arau und lachte meckernd. Landauer stimmte halbherzig mit ein, aber seine Frau, die vielleicht weniger naiv war, als Luise anfangs gedacht hatte, räusperte sich heftig.

»Entschuldigen Sie, ich kann natürlich nur für die Arier unter den Österreichern sprechen«, schob Arau nach.

Landauers Blick wurde eisig.

»Und ich sprach von den Bergsteigern.«

»Die sind sowieso eine eigene Rasse«, versuchte Arau die Situation zu entschärfen.

»Müssen sie wohl sein«, sagte Elisabeth Landauer. »Wer will sich schon umbringen für einen Gipfel, der seit Jahrzehnten erobert ist?«

»Aber nur über den Ostgrat. Es geht hier um die Nordwand, um Männer, die dem Schicksal die Stirn bieten, wenn nötig bis zum Opfertod«, sagte Arau in dem pathetischen Tonfall, in dem er manchmal über die Aufgabe des Chronisten sprach.

»Sind Sie sicher, dass die Bergsteiger eine eigene Rasse sind? Und wenn alle Berge erobert sind, welchem Kampf wendet sich dann das deutsche Volk zu?«, fragte Landauer.

Arau überlegte einen Moment.

»Unser Reich ist jung.«

»Und will wachsen?«, fragte Landauer.

»Sagen wir: sich vollenden.«

»Ein Segen, dass wir hier auf neutralem Boden sind. Es lebe die Schweiz!«

Luise trank ihre Tasse aus und entschuldigte sich. Sie hasste es, wenn Menschen einander auf heuchlerische Art bekriegten. Vielleicht war dies das Geheimnis des Bergsteigens: dass es dabei keine Heuchelei gab. Man konnte sich am Berg nicht verstecken, den Gegner nicht täuschen. Die Gesetze waren einfach, und wer sie missachtete, wurde bestraft.

»Ich hole meine Kamera«, sagte Luise, »treffen wir uns nachher an der Rezeption?«

Arau nickte und lächelte entschuldigend in die Runde.

Toni und Andreas waren am Morgen des 13. Juli in die Wand aufgebrochen. Sie hatten lange über die Berichte von Max Sedlmayrs und Karl Mehrlingers Versuch im Vorjahr diskutiert. Die beiden Münchner hatten als Erste die Wand probiert. Niemand der Einheimischen hatte ihnen zugetraut, dass sie es schaffen würden, die bayerischen Kameraden, darunter auch Andreas und Toni, wussten dagegen: Wenn es jemand schaffen konnte, dann die beiden. Sie waren virtuose Kletterer, zäh, gelassen und besonnen.

Und tatsächlich kamen die zwei Münchner am ersten Tag rasend schnell voran. Als die Hotelgäste zum Frühstück auf der Terrasse erschienen, waren die Bergsteiger schon auf dreihundert, vierhundert Metern Höhe, am Abend auf achthundert. Die Kritiker waren verstummt, manche glaubten, die zwei würden schon am nächsten Tag am Gipfel stehen.

Doch der nächste Tag begann mit einer nahezu unüberwindlichen Wandstelle. Mit den schweren Rucksäcken verloren Sedlmayr und Mehringer für ein paar Höhenmeter wertvolle Stunden. Sie schafften es am zweiten Tag gerade bis über das erste Eisfeld. In der folgenden Nacht schlug das Wetter um, Sturm kam auf, ein Schneesturm, der die zwei in der Wand gefangen setzte. Und mehr als drei, vier Nächte kann bei Frost und Niederschlag kaum jemand in der Wand überleben.

Toni und Andreas hatten zwei Lehren aus dem Tod der Münchner gezogen: Einen Teil des Materials möglichst hoch in der Wand deponieren, damit sie nicht mit zu schweren Rucksäcken klettern mussten. Außerdem weiter rechts aufsteigen, um die Wandstelle zu umgehen, die Mehringer und Sedlmayr so lange aufgehalten hatte.

13. Juli, zehn Uhr

Toni und Andreas packten einen Teil des Proviants, Steigeisen und die Biwaksäcke in einen Reserverucksack. Dann kletterten sie, anfangs noch ohne Seil, den Wandsockel hinauf. Sie kamen schneller voran als erwartet und waren guter Dinge, doch eine Route bis zum Gipfel konnten sie im Nebel nicht ausmachen. Sie suchten eine geschützte Wandstelle, schlugen einen Sicherungshaken und banden den Rucksack fest, dann stiegen sie, praktisch unbeobachtet, wieder ab.

Nun lagen sie wieder im Zelt und warteten. Doch die Sicht blieb schlecht, es fiel Nieselregen, manchmal mit Schnee vermischt.

Um Geld zu sparen, lieh Toni sich bei einem Urlauber eine Schweizer Zeitung aus. Das Wetter sollte unbeständig bleiben. »Windstärke 10 über Westeuropa«, »Zwei deutsche und zwei holländische Schiffe gesunken«, »Drei Menschen von einem stürzenden Baum erschlagen«.

»Vielleicht irren sich die Meteorologen«, sagte Andreas, »schau dir mal diese weißen Kumuluswolken im Süden an, die deuten normalerweise auf Schönwetter hin.« Wie zum Hohn ging der Regen wieder in Schnee über, und es schien, als hätte jemand das Licht über der Scheidegg abgedreht.

Die Eigernordwand ist selbst bei Idealbedingungen eine extreme Herausforderung, aber es war klar, dass Niederschläge und Wind in den sicheren Tod an der Wand führen. Selbst wenn in ganz Europa strahlender Sonnenschein ist, kann es am Eiger zu Schneefall und Sturm kommen. Der Berg hat sein eigenes Klima. Die Windböen können hier so heftig werden, dass sie einen Bergsteiger, auch den kräftigsten, einfach aus der Wand blasen und – falls sein Seil hält – am Felsen zerschmettern.

Für Andreas und Toni folgten drei schlimme Tage. Im Morgengrauen starrten sie schweigend in den finsteren Himmel und hofften auf den nächsten Tag, der nächste Tag sah genau so aus, und dann hofften sie auf den übernächsten. In der Nacht lagen sie wach und hörten, wie der Wind in der Wand tobte, pfiff, heulte und an den Felskanten entlang wimmerte, die Wand spuckte Stein- und Schneelawinen aus, das Geröll kullerte bis an die Zelte, als wollte der Eiger noch einmal die Kräfteverhältnisse klarmachen. Unterdessen schwanden Andreas' und Tonis Reserven an Lebensmitteln, Geld und Zeit. Am 21. Juli mussten sie spätestens wieder in der Kaserne sein. Wenn Konrad sie nicht schon den Feldjägern gemeldet und ein Disziplinarverfahren eingeleitet hatte.

Die Bergsteiger belauerten einander in ihren Zelten. Das schlechte Wetter hatte zwar eine Art Waffenstillstand erzwungen, aber niemand hatte Lust auf Gesellschaft. Worüber sollte man schon reden? Über vergangene Heldentaten? Manchmal verbreiteten sich trotzdem Gerüchte, die sich allesamt um das Wetter drehten. Drei Wochen Sonne, ein Temperatursturz, Föhn, ein Szenario schien so unwahrscheinlich wie das andere. Wenn Andreas und Toni dann in der Nacht den Himmel absuchten, in der Hoffnung, noch vor dem Morgengrauen losgehen zu können, war der Himmel wolkenverhangen wie zuvor. Der Eiger verspottete seine Belagerer. Anfangs hatten sie noch über Varianten der Route diskutiert, über mögliche Biwakplätze, doch bald schon führte jeder nur noch stumme Selbstgespräche.

Die Warterei, die schlaflosen Nächte zermürbten die beiden so sehr, dass sie manchmal fast hofften, dass Wetter würde nie besser werden und sie könnten ruhigen Gewissens nach Hause zurückkehren. Dann wieder wären sie am liebsten im Zorn einfach in die Wand gerannt. Nur damit es endlich losging, damit diese sinnlose Warterei ein Ende hatte.

Die Hotelgäste waren enttäuscht, dass das erhoffte Spektakel ausblieb. Manche beschwerten sich beim Direktor, der mit der Aussicht auf den Wettstreit der Kletterelite sein Etablissement beworben hatte. Als auch noch Beamte der Kantonalverwaltung Schilder aufstellten, der Staat Bern habe, nach den tragischen Geschehnissen im Vorjahr, »unter Androhung der vorgesehenen Bußen ein Verbot für jede Begehung der Eigernordwand« ausgesprochen, reisten die ersten Gäste ab.

Auch einige Bergsteiger gaben auf. Sie zogen die Heringe aus dem nassen Grund, verpackten hastig die feuchten Zelte und waren schon durchnässt, ehe sie auf ihren Fahrrädern saßen und einen letzten Blick auf die Wand warfen, die ungerührt und höhnisch auf sie herab sah.

Luise und Arau saßen im Salon und tranken Tee, während der Wind den Regen an die Scheiben trieb. Blitze zischten durch das trübe Nachmittagslicht. Wie ein zerfurchtes böses Antlitz starrte die Wand herüber, in der sich die Wolken fingen, sich schüttelten und ihren Zorn entluden.

Die Ausläufer der Blitze fuhren, in zittrigen Verästelungen, in den Wandfuß, manchmal zwischen die zusammengekauerten Zelte, deren Bahnen glänzten. Ausrüstung und Kleidung der Bergsteiger mussten inzwischen vollkommen durchweicht sein. Bei diesem Gedanken fühlte Luise sich unbehaglich in dem weichen Lehnsessel, neben dem knackenden Kaminfeuer.

Luise las im Züricher »Sport«, eine ungewöhnlich sprunghafte Witterung habe »in den letzten Wochen den Fortschritt der Verfirnung unterbunden. Häufige Neuschneefälle und kalte raue Tage haben in den Schattenlagen bis auf 2500 Meter herab den Pulverschnee konserviert. Diesem Schnee fehlt aber noch die solide Verfirnung, das heißt die feste Verwachsung mit dem alten Schnee.«

Von Wassereis war die Rede und drohendem Eisschlag.

»Die Wand befindet sich in dem grauenerregenden Zustand zwischen Winter und Sommer.«

Arau sah ihre skeptische Miene.

»Und?«, fragte er.

»Es ist noch zu früh im Jahr. Die Wand ist noch im Umbruch.«

Arau nickte.

»Wissen Sie, was traurig ist?«

Luise sah zu ihm hinüber.

»Dass uns die wahren Dramen immer vorenthalten bleiben.«

»Wie meinen Sie das?«, fragte Luise, obwohl sie genau wusste, was er meinte.

»Wir berichten von der Belagerung des Eiger. Vorher. Kabeln ein paar Interviews der Burschen, wissen aber eigentlich nicht, wie es in ihnen aussieht. Sollten sie tatsächlich das Wagnis eingehen und es schaffen, vermelden wir den Gipfelsieg. Hinterher. Aber was da draußen wirklich passiert, das können wir nur erahnen.«

»Die Bergsteiger wissen es.«

»Aber sie können es nicht in Worte fassen.«

»Toni Kurz kann es.«

»Aber er ist nicht hier.«

Luise nickte. Sie kannte die Gefühle beim Bergsteigen, die nackte Angst, Triumph und Verzweiflung. Sie war im Steinernen Meer in ein Unwetter gekommen, hatte sich stundenlang an die Felsen geklammert, während es kein Vor und Zurück mehr gab. Sie kannte das zermürbende Gefühl, das von durchnässter Kleidung, Kälte und ratlosem Warten im Biwak ausging, ebenso wie den Rausch, wenn plötzlich die Wolkendecke aufriss und das warme Sonnenlicht ungeahnte Kräfte in einem weckte. Oder wenn der Himmel sich weitete, weil der Berg, der endlos schien, erklommen war. Wenn man da oben stand, in der Stille, sich die Brust dehnte. Sie kannte diese Gefühle, aber Arau hatte wohl recht. Was war das alles im Vergleich zu diesem Berg?

Arau telefonierte mit der Berliner Redaktion und schlug eine Spesenerhöhung nach der anderen heraus. »Das Wetter trennt nur die Spreu vom Weizen«, sagte er, weil er es nicht besser wusste, oder nicht besser wissen wollte. »Die Österreicher, Rainer und Angerer, sind noch da, und unsere. Die echten Helden werden sich nicht einschüchtern lassen. Ich spüre, wie sie in den Zelten liegen und fiebern.«

Luise schüttelte den Kopf. Spür du mal, dachte sie, aber vielleicht wäre es doch besser, du würdest ab und zu mal nachschauen in den Zelten und ein Interview führen. Stattdessen versuchte Arau, Luise zu verwöhnen. Er führte sie in die Restaurants der Umgebung, abends tanzte er mit ihr, beschwingt, aber nicht zudringlich. Nach drei Tagen hatte er die Bekanntschaft aller Gäste gemacht, und stets stellte er seine Kollegin als herausragendes Talent in der Presselandschaft vor. Wo man ihre Artikel lesen könne, fragten die Leute, und dann wurde Luise rot.

Am vierten Tag hatte der Wind zumindest die Dunstschleier verscheucht, und viele Touristen nutzten die Gelegenheit, um mit der Jungfraubahn das Eigermassiv zu erkunden.

Diese Bahn, die auf dem Plateau der Kleinen Scheidegg Station macht und sich durch die Trias von Eiger, Mönch und Jungfrau windet, gilt als Geniestreich des Ingenieurwesens, zweihundert Arbeiter hatten ab 1896 das Felsmassiv mit Dynamit und Spitzhacken perforiert. Zwei Jahre später wurde die Station Eigergletscher auf 2320 Meter Höhe eröffnet, weitere vierzehn Jahre später war die Bahn mit der Station Jungfraujoch auf 3454 Meter vollendet.

Arau und Luise saßen in einem der schmalen Waggons auf einer Holzbank. Der graue finstere Fels roch nach feuchter Kälte, die Bahn schob sich mit sturer Gleichmäßigkeit durch die Eingeweide des Berges. Nur das Kitzeln an den Trommelfellen verriet, wie schnell sie an Höhe gewann.

Die munteren Gespräche der Touristen waren im Halbdunkel schnell verstummt, während ein Führer stolz die wichtigsten Daten auflistete:

»Die Tunnelstrecke hat eine Gesamtlänge von sieben Kilometern.«

»Kostenpunkt?«, fragte Landauer.

»Sechzehn Millionen Franken.«

Alle bestaunten das Wunder der Technik, diesen fast bizarren Komfort, den die Passagiere beim Aufstieg genossen. Dass von den zweihundert Arbeitern dreißig ihr Leben in dem Berg gelassen hatten, erwähnte der Führer nicht.

In den dunklen Felswänden strahlte für einen Moment ein Lichtstrahl wie ein Nadelstich auf.

»Ist hier ein Riss im Fels?«, fragte Luise.

»Nein. Das war die Tür eines der Stollenlöcher, die direkt in der Nordwand enden. Dort wurde der Bauschutt in die Tiefe gekippt. Wir sind jetzt knapp dreitausend Meter über dem Meeresspiegel.«

Plötzlich wurde es hell, die Waggonbeleuchtung erlosch, und die Bahn rollte aus. »Eigerwand, fünf Minuten Aufenthalt«, rief der Schaffner.

Die Station »Eigerwand« besteht aus einer großen Höhle, von der zwei Ausläufer sich direkt in die Wand öffnen. Luise trat an das schmiedeeiserne Geländer, der eisige Wind fuhr in ihr Haar, sie hielt ihre Mütze mit beiden Händen fest und schaute hinab.

Sofort spürte sie diesen gewaltigen Sog, die Leere im Magen, als ob man ins Nichts stürzen würde. Luise lehnte sich ein wenig über die Brüstung und suchte die Oberfläche der Wand ab. Der Fels war glitschig, bröselig. Und Luise war nicht mehr so sicher, dass dieses »Problem der Alpen« je gelöst werden würde. Die Kritiker hatten recht: Es war ein reines Hasardspiel. Sie war froh, dass Andreas und Toni sich gegen die Wand entschieden hatten.

»Das sind knapp eintausend Meter«, sagte Arau und blickte neben ihr in die Tiefe. Das Hotel, die Almen, die Serpentinenstraße, alles sah winzig und anheimelnd aus. Nur dieser riesige Raum dazwischen löste Schaudern aus.

»Sagen Sie, ist das Eis?«

Arau deutete auf einen Riss im Fels, der wie mit Gelatine verklebt war.

Luise nickte.

»Muss man wollen, so was«, sagte Arau und wandte sich ab.

Luise holte ihre Kamera hervor und machte ein paar Aufnahmen. Es war ein genialer Schachzug gewesen, diese Station zu bauen. Man fuhr mit der Bahn und hatte diesen Ausblick, der an anderen Bergen nur einer winzigen Kletterelite vorbehalten war. An diese Stelle war über die Wand noch kein Mensch gekommen. Ein merkwürdiger Gedanke.

Luise versuchte, den grenzenlosen Fels, der sich in alle Richtungen im Dunst verlor, in einer Totalen einzufangen. Doch durch den Sucher bekam man weder ein Gefühl für die Senkrechte noch für die Dimension dieser Wüstenei. Sie brauchte irgendein Tier oder einen Menschen im Bild, oder wenn wenigstens irgendwo ein loses Seilende baumeln würde, das die Richtung vorgab ... Luise lehnte sich so weit über das Geländer, dass die Wand das Bild in der Mitte durchschnitt: rechts der nackte, dunkel glänzende Fels, links das milchig-helle Nichts.

Es war still geworden, nur der Wind und ihr Atem waren zu hören.

»Der Zug«, rief jemand. Als Luise aufblickte, kam Arau angerannt, aus der Station ertönte ein Pfiff, klappernd fielen die Zugtüren zu.

»Wir müssen zum Zug.«

Doch dieser hatte sich schon in Bewegung gesetzt, Araus Geschrei war umsonst.

»Nehmen wir den nächsten«, sagte Luise und blickte wieder durch den Sucher. Wie lang mochte es dauern, bis die feine Eisschicht abgetaut war? Und wie erst sah die Oberfläche tausend Meter weiter oben aus, wo es im Durchschnitt fünf Grad kälter war?

Wie sollte man sich in so einem Fels halten? Vor neunzig Millionen Jahren, als die ganze Schweiz unter Wasser lag, war hier noch Meeresgrund gewesen. Dann hatte die afrikanische Kontinentalplatte nach Norden gedrängt, gegen Europa und dieses Material in den Himmel gestemmt.

Luise spürte plötzlich einen angenehmen Kitzel, die Wand rutschte durch den Sucher, sie sah nur noch die Wolken unter sich. Arau packte sie am Oberarm.

»Was tun Sie denn?«, fragte Luise verärgert, ihr Herz raste.

»Zum Kuckuck, das frage ich Sie!«

»Ich bin nur ausgerutscht, mir wäre schon nichts passiert.«

Arau schüttelte den Kopf. Er schaute sie durchdringend an und lächelte.

»Ich war genau so wie Sie, als ich anfing. Immer nur auf ein Ziel konzentriert.«

»Das bin ich nicht«, sagte Luise, »es gibt so viel, was mich ablenkt.«

»Wie meinen Sie das?«

»Ich weiß nicht mehr, ob es sinnvoll ist, diese Wand zu erklettern.«

»Das ist nicht Ihr Thema. Sie wollen eine Geschichte, die muss packend sein und authentisch. Was diese Geschichte erzählt, ist zweitrangig. Sie muss nur den Leser fesseln.«

Luise starrte in Araus helle Augen, die selbstgefällig glänzten.

»Was machen Sie denn hier?« Ein Bass im Schweizer Dialekt tönte aus dem Wandstollen. Ein Mann von undefinierbarem Alter war aus einem Holzverschlag getreten. Er trug grobe Leinenhosen, Mütze und eine Jacke aus Ziegenfell. Die Bartstoppeln steckten in tiefen Furchen, seine Haut war wettergegerbt, der Blick ohne Sentimentalität.

»Wir haben den Zug verpasst.«

»Das habe ich auch noch nie gehört. Dann müssen Sie eine halbe Stunde warten.«

Der Mann roch genau so wie die Bergbahn, nach feuchtem Gestein und Schmieröl. Seine Kleidung war sicher seit Jahren von keiner Frauenhand berührt worden.

»Sind Sie jeden Tag hier oben?«, fragte Luise.

»Tag und Nacht.«

»Dann leben Sie wie in Einzelhaft in diesem Berg?«, fragte Arau.

Der Mann schaute verwirrt.

»Ich sehe viele Menschen.«

»Darf ich ein Foto von Ihnen machen?«, fragte Luise.

»Wozu?«

»Uns interessiert alles hier.«

Der Mann blieb reglos stehen, deutete kein Lächeln an.

»Möchten Sie einen Tee? Es ist kalt«, sagte er schließlich.

»Gerne«, sagte Arau.

Albert von Allmen, so stellte der Streckenwärter sich vor, führte die beiden in seine Hütte. Sie war in den Felsen gebaut, der Boden aus unbehauenem Stein, die Bretterwände mit grauem Lack gestrichen. Zwei Räume, eine Art Wohnküche mit Telefon und Fahrplänen an der Wand, im Hintergrund der Schlafraum.

»Wie lange arbeiten Sie schon hier?«

Der Mann setzte Teewasser auf und überlegte.

»Zwölf Jahre, vielleicht fünfzehn.«

»Und haben Sie letztes Jahr die beiden Münchner vorbeiklettern sehen?«, fragte Arau.

Der Mann schüttelte den Kopf.

»Die waren weiter links in der Wand.«

»Warum starten die Bergsteiger nicht von hier aus?«, fragte Arau.

»Entweder man macht eine Wand, oder man macht sie nicht.«

Die halbe Stunde wurde lang mit dem schweigsamen Allmen. Er schien sich in all den Jahren nicht nach Gesellschaft gesehnt zu haben.

Als am Freitag, dem 17. Juli – Arau und Luise waren den fünften Tag im Hotel Bellevue –, plötzlich die Sonne herauskam und innerhalb weniger Stunden am Eigerfuß der Sommer einkehrte, war in Luise eine tiefgreifende Veränderung vorgegangen. Auf der Kleinen Scheidegg herrschte Volksfeststimmung, die Hotelgäste liefen schnatternd auf die Terrasse, balgten sich um die Münzteleskope. Die Bergsteiger schlugen die Zeltbahnen auseinander und hängten ihre bunte Wäsche auf, als wollten sie Wimpel setzen.

Arau kam gut gelaunt an den Frühstückstisch, er war zwar seit fünf Tagen gut gelaunt, heute aber sprühte er förmlich.

»Es kann losgehen, das Wetter wird halten«, sagte er.

Landauer schüttelte den Kopf. Seine Gattin strahlte:

»Hast du gehört, Emil? Iss auf, wir müssen uns beeilen, sonst sind draußen alle Fernrohre besetzt.«

»Was meinen Sie, Fräulein Fellner, heute noch einmal Rekognoszierung, morgen früh dann Einstieg in die Wand?«, setzte Arau nach und band sich die Serviette um.

»Ich bin für die Fotos zuständig, ich dachte, die Recherche wäre Ihre Aufgabe.«

Araus Miene entgleiste: »Wollen Sie mir erklären, wie ich meine Arbeit zu tun habe?«

»Nein«, Luise schüttelte den Kopf, »ich meine nur, wir sollten die Bergsteiger interviewen, bevor sie in die Wand einsteigen.«

»Sie meinen, solange sie noch leben?«, fragte Landauer.

»Allzu viele sind ja nicht mehr da«, sagte Arau. »Auch Bartolo Sandri und Mario Menti sind gestern abgereist. Auf die hatten viele gesetzt.«

Für einen Moment herrschte Stille, dann kam ein Page mit einem Telegramm.

»Herr Arau«, sagte der junge Bursche mit einer Salve krächzend-kehliger »r«.

Arau steckte ihm ein Trinkgeld zu und schnitt mit enervierender Langsamkeit den Umschlag auf. Er zog das gelbe Blatt heraus, überflog die Zeile und ließ das Messer fallen. Alle drei betrachteten ihn.

»Herr Arau? Unangenehme Nachrichten?«, fragte Landauer besorgt.

Arau legte das Telegramm neben den Teller und schaute Landauer an, sein Blick schien hasserfüllt, als wäre der Wiener schuld am Inhalt.

»In Spanien ist die Hölle los. Diese Banditen.«

»Sie meinen die Frankisten?«

»Banditen sind die anderen, die Sotelo ermordet haben.«

»Aber die Nachricht ist doch schon vier Tage alt.«

»Heute ist ein Aufstand der Militärs ausgebrochen.«

»Sie meinen einen Putsch? Ich verstehe nicht, warum Ihnen eine demokratisch gewählte Regierung so gegen den Strich geht. Hitler beruft sich doch auch gerne auf seinen Wahlsieg.«

»Die Republikaner werden von Stalin gelenkt. Franco steht für das ehrliche Spanien. Fräulein Fellner, die Redaktion will mich nach Madrid schicken, Sie können zurück nach Berlin.«

Luise war überrumpelt.

»Ich komme mit nach Spanien«, sagte sie plötzlich.

Später hörte sie, wie Arau sich am Telefon echauffierte:

»Was soll unsere Zeitung jetzt, zwei Wochen vor der Olympiade, mit dem Gezänk verlauster Spanier?«, fragte Arau, »hier können wir eine ganz andere Geschichte einfangen, die historische Stunde hat geschlagen, der Eiger wird heute oder morgen fallen.«

Toni und Andreas saßen unterdessen in einigem Abstand vor dem Wandfuß und suchten mit den Ferngläsern die knapp zwei Kilometer Wand über sich nach den besten Passagen ab. Sie hatten die Skizze mit der Mehringer-Sedlmayr-Route vor sich liegen.

Die beiden Münchner waren fast genau in der Gipfelfalllinie in die Wand eingestiegen und hatten am ersten Tag achthundert Meter Wand überwunden. Ihr erstes Biwak lag auf 2900 Metern, noch höher als die Station »Eigerwand«. Doch am zweiten Tag kamen sie an ein lotrechtes Felsstück, das einer ganzen Dolomitentour entsprach. Sie brauchten fast den ganzen Tag und stiegen dann schräg Richtung Westen durch das Untere Schneefeld.

»Ich würde weiter rechts einsteigen«, sagte Toni.

»Warum?«

»Kommt mir leichter vor, wenn wir ...«, er zeichnete eine Zick-Zack-Linie in die Luft, »... diesen Steilstellen ausweichen, brauchen wir anfangs nicht einmal das Seil.«

»Nicht sehr elegant.«

»Wir sparen Kraft und Zeit, wirst sehen. Wir hängen weiter oben noch lange genug an der Schlosserei.«

Toni wollte westlich des Ersten Pfeilers, durch Kamine und Risse aufsteigen, dann nach rechts zu einem großen Schneefeld. Im Zickzack zum Zerschrundenen Pfeiler, dann wieder nach Westen, bis sie eine günstige Stelle für den Aufstieg fanden. Dann wieder nach Osten auf den Kopf des Zerschrundenen Pfeilers und in den Schwierigen Riss. Auf dieser Höhe würden sie dann auf die Mehringer-Sedlmayr-Route einbiegen. Andreas war nicht überzeugt. Ihm gefielen die geradlinigen Lösungen, bei denen man die Schwierigkeiten direkt anging. Und unter Bergsteigern galt dies als das Nonplusultra. Außerdem war auf der Route, die Toni vorschlug, eine gewaltige Platte, in die man womöglich nicht einmal Haken treiben konnte.

»Lass uns bei einer letzten Rekognoszierung bis an die Platte steigen, dann können wir immer noch entscheiden«, sagte Andreas. Toni war einverstanden, obwohl es eine gewaltige Tour bedeutete, über den Zerschrundenen Pfeiler und den Schwierigen Riss, fast ein Drittel der Wand! War das nicht zu viel als Rekognoszierung, direkt vor der Besteigung?

»Unsinn, bei einer Generalprobe wird sogar alles gespielt!«, sagte Andreas, der munter durch das Geröll stieg. Rinnsale flossen durch die Ritzen, Wasser und kleine Steine rieselten ihnen entgegen.

Sie waren vier Stunden gestiegen, hatten gerade ein kleines Schneefeld überwunden – beim zweiten Versuch wirkte alles schon vertraut und einfach –, als Andreas plötzlich aufschrie.

»Was ist?«, fragte Toni.

»Da ist ein Haken.«

»Von wem?«

»Woher soll ich das wissen?«

Sie lauschten in die Wand. Hämmern war nicht zu hören.

»Sitzt er fest?«

»Ja.«

Andreas zog das Seil durch die Öse. Er war etwa fünfzehn Meter über Toni, der sich einen Moment in den Schnee setzte, um auszuruhen.

Als Toni wieder zu Andreas sah, war dieser, mit weit gespreizten Beinen, auf der Suche nach einem Griff. Er tastete vorsichtig über den Fels, zog an einem kleinen Vorsprung, entlastete die Beine, sank zurück, probierte einen neuen Griff aus. Seine Bewegungen waren federnd und leicht, obwohl diese Suche viel Kraft kostete und gefährlich sein konnte, wenn man nicht gesichert war. Da hatte er ihn, den Griff. Andreas zog sich mit dem Arm ein Stück aufwärts, brachte die Beine in eine bequeme Stellung.

Plötzlich flog er. Eben stand er noch sicher, jetzt war er im freien Fall. Der alte Haken hatte nicht gehalten. Toni sprang auf, er hatte nicht gesichert, das Seil hing schlaff über Felsnasen, Schneekuhlen und endete in einem Wirrwarr neben Tonis Rastplatz. Er holte Seil ein, so schnell es ging, aber er wusste, dass er Andreas nicht würde halten können. Wo war der nächste Sicherungshaken? Hatte Andreas überhaupt Haken geschlagen in diesen zehn Metern Fels? Nein. Andreas fiel wie ein Stein. Er würde über das Schneefeld rutschen, über die untere Kante hinausschießen und dann, fünfhundert Meter tief bis auf den Wandsockel fallen.

»Andi!«, schrie Toni.

Andreas flog an ihm vorbei, rollte sich instinktiv zusammen, verschwand in einer Staubwolke aus Schnee. Die Wolke dehnte sich, der Wind zupfte an ihr, zerriss sie. Wo war Andreas?

Da, ein schwarzer Fleck im grellen Weiß. Andreas presste sich flach wie eine Flunder auf den Schnee und krallte die Finger in den Firn. Er hing an einer fast senkrechten Wand, an der dünnen Eiskruste, die sich auf dem Schneefeld gebildet hatte! Toni schlug mit rasendem Herzen einen Sicherungshaken und sprang, ließ sich über den Schnee gleiten, bis er bei Andreas war.

»Halt dich an mir fest!«, schrie er. Andreas reagierte nicht. War er ohnmächtig? »Andi?«

Andreas schüttelte den Kopf wie ein Hund, Schnee stäubte aus seinem Haar.

»Wo ist mein Hut?«, fragte er und streckte Toni die Hand hin.

Toni packte ihn, zerrte ihn an sich, schlang die Arme um ihn.

»Hey, hey, nur die Ruhe«, lachte Andreas, »nichts passiert.«

Als sie auf dem oberen Rand des kleinen Schneefeldes saßen, sagte Toni:

»Du spinnst, du hättest draufgehen können.«

»Warum hast du nicht gesichert?«

»Du hast gesagt, der Haken sitzt fest.«

Andreas zuckte die Achseln.

»Trau keinem Haken, den du nicht selbst geschlagen hast. Von Rainer und Angerer hätte ich bessere Arbeit erwartet.«

»Du meinst, er stammt von ihnen?«

»Von wem sonst?«

Das hieß, dass die beiden Österreicher dieselbe Route im Visier hatten.

Sie besahen sich den Schaden: Andreas hatte nur eine kleine Quetschung am Knie und Abschürfungen am Ellbogen.

»An die Platte kommen wir heute nicht mehr heran«, sagte Toni.

»Das ist nur eine Kleinigkeit, wir können weitersteigen«, antwortete Andreas.

»Du musst das Knie kühlen, sonst ist es morgen dick. Schöne Generalprobe.«

»Du weißt doch, je schlechter die Generalprobe, desto besser die Premiere.«

Luise ging mit Arau zwischen den Zelten umher und machte Fotos. Die Wiese hatte sich geleert. Drei Zelte waren übrig geblieben, zwei Franzosen, das Lager der Österreicher Edi Rainer und Willy Angerer, und dann stand da noch ein kleines Zweimannzelt aus grauem Leinen, ein Sachs-Fahrrad … Luises Herz begann zu rasen. An der Satteltasche hing ein bayerischer Wimpel, mit dem Symbol der Bergwacht. Das war Tonis Rad.

»Was ist, Fräulein Fellner?«, fragte Arau.

Luise antwortete nicht. Sie hatte den Eingang aufgeknöpft, alles kam ihr vertraut vor: die in ein Öltuch eingeschlagene Taschenlampe mit Handdynamo, die Stearinkerzen, der Geruch der geräucherten Mettwürste.

Sie lief über die Wiese Richtung Wand, schwenkte die Kamera, und da waren die beiden. Andreas erkannte sie zuerst.

»Mensch, Toni, jetzt schau dir das an!«, rief er. Luise rannte und rannte, Andreas kam auf sie zu, aber diesmal fiel sie zuerst Toni um den Hals.

Sie stammelte ein paar wirre Sätze, sie war so froh gewesen, dass Toni den Eiger auslassen wollte, und gleichzeitig war sie jetzt stolz auf ihn. Oder war es schlichtweg die Freude, ihn bei sich zu haben, seine rauen Bartstoppeln, seine gütiges, manchmal aufmüpfiges Grinsen? Aber sie musste ja abreisen. Sie schaute Arau an.

»Wollen Sie mich nicht vorstellen?«, fragte der, nachdem er die Gruppe erreicht hatte.

»Das ist mein Chef, Herr Arau«, sagte Luise.

»Angenehm.«

Toni schwieg und schaute ihn abschätzig an, während er in die dargebotene Hand einschlug. Der Griff des Mannes war erstaunlich kräftig, der hatte nicht nur am Schreibtisch gesessen.

»Sie also sind die Jugendfreunde von Fräulein Fellner, ich dachte, Sie pfeifen auf den Eiger«, sagte Arau.

»Ist nicht gesagt, dass wir ihn machen. Und du«, wandte sich Toni an Luise, »was suchst du hier?«

»Ich arbeite. Das heißt, wir werden morgen abreisen, ich muss zurück nach Berlin. Es sei denn, ihr macht ihn, den Eiger.«

Toni nickte.

»Ich mache Ihnen einen Vorschlag«, sagte Arau. »Sie kommen heute Abend in unser Hotel, wir laden Sie zum Essen ein, und dabei beantworten Sie uns ein paar Fragen, ganz zwanglos. Noch bevor Sie in die Wand einsteigen, sind Sie in Berlin schon in aller Munde.«

Luise hakte sich bei den beiden unter und begleitete sie zum Zelt. Toni warf sich auf seinen Schlafsack und stellte die Stiefel nach draußen, Andreas tat es ihm nach. Luise stand unschlüssig vor dem Zelteingang. Früher wäre sie einfach zwischen die beiden gekrochen, warum war jetzt alles so kompliziert?

»Fräulein Fellner?«, rief Arau.

»Ich mache nur schnell noch ein paar Aufnahmen.«

Sie sah Andreas' Verletzungen. Ein böses Omen?

Im Hotel Bellevue herrschte Hochstimmung. Aus jedem Zug ergossen sich Scharen von Schaulustigen und Reportern auf die Kleine Scheidegg, sie kamen aus ganz Europa und sogar aus Übersee, darunter auch Bergsteiger, die man bisher nicht gesehen hatte und die sofort von den Journalisten umringt wurden. Die Telefone in der Hotellobby waren dicht umlagert, Depeschen wurden an die Redaktionen gekabelt. Inzwischen galt als sicher, dass am nächsten Tag mindestens eine Seilschaft in die Wand einsteigen würde.

Toni und Andreas erschienen pünktlich zum Abendessen. Eigentlich hatte Toni nicht gehen wollen, er wollte lieber ausruhen. Doch Andreas überredete ihn: »Wir haben seit Tagen nur Zwieback und Reis gegessen, wir beantworten denen ein paar Fragen und fressen uns ein bisschen Speck auf die Rippen. Außerdem wollen wir doch berühmt werden, oder?«

»Du willst berühmt werden«, antwortete Toni.

»Ich gebe es wenigstens zu.«

Als sie in den Salon traten, wurden sie verlegen. In ihren groben Cordhosen und nicht sehr sauberen Flanellhemden sahen sie aus wie Landstreicher. Doch die Abendgesellschaft liebte derlei Folklore. Man gab sich zünftig, versuchte zu jodeln und begrüßte jeden echten oder vermeintlichen Bergsteiger mit großem Hallo. Herr Arau und Frau Landauer hatten darum gebeten, dass man zwei Tische zusammenschob.

Frau Landauer wartete mit ihrer eigenen Seilschaft auf. Es waren Edi Rainer und Willy Angerer.

Als die Vorspeisen kamen, fragte Toni die beiden österreichischen Konkurrenten:

»Geht ihr es morgen an?«

Die beiden zuckten nur die Achseln. Toni und Andreas wechselten einen Blick, und auch die anderen Leute am Tisch spürten die Anspannung.

»Wie viele Tage werden Sie brauchen?«, fragte Arau Toni Kurz.

»Wir rechnen mit einer, maximal zwei Biwaknächten«, mischte Angerer sich ein. »Man muss nur schnell in die Eisfelder kommen, wenn dann am Nachmittag die Temperatur sinkt, geht es im Firn gut voran. Und je schneller man steigt, desto weniger spürt man die Kälte.«

Elisabeth Landauer strahlte echauffiert.

»Sind das nicht verwegene Kerle?«, fragte sie.

»Und Sie beide, wie viele Nächte planen Sie?«, fragte Elisabeth noch einmal.

Toni zuckte mit den Schultern.

»Das bestimmen leider nicht wir. Es gibt beim Bergsteigen subjektive und objektive Faktoren, und die objektiven, die nicht wir Menschen bestimmen, sind hier am Eiger übermächtig.«

Die Österreicher grinsten.

»Übermächtig?«, fragten sie. »Also traut ihr euch nicht?«

»Welche Route wollt ihr gehen?«, fragte Andreas.

Edi Rainer leerte sein Weinglas in einem Zug und schenkte sich nach. Dann sagte er:

»Leider geheim. Wir hacken doch nicht für jedermann die Stufen ins Eis.«

»Sie rechnen also mit einem Wettlauf?«, fragte Arau.

»Natürlich«, antwortete Angerer.

Das Diner dauerte zwei Stunden. Toni und Andreas aßen vor allem Kartoffeln, Brot und Butter. Sie gönnten sich jeder ein Glas Wein, stießen aber nicht mit dem Sekt an. Aus Aberglauben.

»Es wäre schon ein großer Erfolg, wenn man heil wieder herauskäme aus der Wand«, sagte Toni und starrte dabei vor sich hin.

»Wie meinen Sie das?«, fragte Arau.

»Bisher hat niemand die Wand geschafft, und niemand hat die Wand überlebt.«

»Sie spekulieren also auf Abbruch?«

»Ich spekuliere nicht. Ich weiß nur, dass die Einzigen, die bisher die Wand versucht haben, darin gefangen wurden.«

»Aber Sie sind doch mehrmals vom Rekognies…«, setzte Elisabeth Landauer an.

»Rekognoszieren«, sprang ihr Andreas bei.

»Ja, vom Rekognoszieren zurückgekommen, Sie kennen den Abstieg.«

Toni schüttelte den Kopf. Während der Pianist seine süßliche Interpretation von Schumanns »Träumerei« in eine Walzerimprovisation übergehen ließ, suchte er nach den passenden Worten. Wie sollte er den Leuten erklären, dass der Wandsockel – eine Steigung von vierzig, fünfzig Grad – nicht die eigentliche Wand war, dass die siebzig Meter unter der Wächte schwieriger sein mochten als die restlichen tausendachthundert Meter? Dass ein Gewitter die Kletterer, auch die besten und besonnensten, tagelang festhalten, zermürben und schließlich töten konnte?

»Wem wollen Sie Ihren Triumph denn widmen, falls Sie es schaffen?«, fragte Arau. »Tun Sie es für das junge Reich, um Ihrem Führer zu Ruhm zu verhelfen?«

Andreas und Toni schwiegen.

Die beiden Österreicher sagten: »Es wird ein Fanal sein, der Triumph des Willens über die Schwäche des Fleisches.«

»Hast du das gehört, Emil?«, fragte Elisabeth.

»›Triumph des Willens‹, der Titel ist schon vergeben. Ich lebe gern in meinem schwachen Fleisch«, sagte Landauer.

»Und für Sie? Was bedeutet es für Sie?«

Arau ließ nicht locker.

»Es bedeutet für uns, dass wir fast zwei Kilometer Felswand überwunden haben«, sagte Toni.

»Das weiß ja nun jeder, aber für Sie persönlich, für Ihre Seele.«

Toni schaute Andreas immer wieder an.

»Lass uns gehen, es ist spät.«

»Jetzt kommt doch der gemütliche Teil«, rief Arau.

»Entschuldige.« Toni schaute Luise an. Diese stand auf.

»Einen Moment noch«, sagte sie und erhob ihr Glas.

»Ich will darauf anstoßen, dass ihr heil zurückkommt, alle miteinander.« Sie schaute in die Runde, betrachtete Hinterstoisser, Angerer und Rainer, schließlich Toni. Sie stieß mit ihm an und leerte ihr Glas, während sie ihn mit ihrem Blick nicht ausließ.

Toni trank einen Schluck Wasser und sagte:

»Wir wollen nicht unhöflich sein, aber wir brauchen Schlaf. Danke für die Einladung.«

»Na, wenn ihr hier schon kneift«, rief Angerer, dessen anfängliche Schüchternheit längst verflogen war. Er winkte dem Kellner, bestellte eine weitere Flasche Wein und versuchte, Frau Landauer mit den Fransen ihres Kleides den Prusikknoten vorzuführen.

Toni hatte damit gerechnet, dass die Unruhe des Abends, die Anspannung vor dem morgigen Tag ihn lange wach halten würden, aber er fiel, ebenso wie der Freund, in einen schweren traumlosen Schlaf. Selbst die lauten Stimmen der Hotelgäste, die hin und wieder auf die Terrassen hinaustraten, hatten eine beruhigende Wirkung auf ihn, genauso wie das Bimmeln der Kuhglocken aus den Tälern.

18. Juli, 1.10 Uhr

Um kurz nach ein Uhr schreckte Toni plötzlich hoch. Es war still, ein leichter Wind strich über die Zeltbahnen. Andreas atmete tief. Toni sah Luise vor sich. Warum schaffte er es nicht, mit ihr zu sprechen? Dabei war sie ihm so nah, sie schien ganz zu ihm zu gehören, aber wenn er sie vor sich sah, war er manchmal wie gelähmt, wütend. Unsinn, dachte er, ich kann nicht ewig davonlaufen. Er nahm einen Bleistift, schlug sein Tourenbuch auf, aber im Zelt war es finster.

Er zog sich leise an und ging über die Wiese zum Hotel. Der Nachtportier schlief hinter der Rezeption. Toni fand den Eintrag im Gästebuch: Luise Fellner, Zimmer 40. Er legte sein Tourenbuch auf den Tresen und schrieb ein paar Zeilen auf die letzte Seite. Dann ging er zu Luise. Er musste lange klopfen, dann hörte er ihre verschlafene Stimme hinter der Tür.

»Ich bin's, Toni«, sagte er.

Die Tür ging einen Spalt auf, und Luise schaute ihn verdutzt an. Sie war blass, ihr Haar hing wirr um ihre Schläfen, aber sie war schön wie immer.

»Tut mir leid, dass wir uns etwas ungehobelt benommen haben bei Tisch«, sagte Toni.

»Und deshalb weckst du mich um ein Uhr in der Nacht?«

Er schüttelte den Kopf. Sie schwiegen, und Toni sah Luises nackte Zehen vor seinen groben Bergstiefeln.

Da schlang sie plötzlich ihre Arme um ihn, aus ihrem Zimmer drang ein warmer, trockener Duft.

»Toni, ich habe Angst«, sagte sie.

»Brauchst keine Angst zu haben«, antwortete er, und seine Stimme überraschte ihn selbst. »Es wird sehr schwierig, aber das Wetter hält. Ich bin sicher, wir schaffen es.«

Luise schaute ihn an.

»Wirklich?«

Er nickte.

»Ich muss morgen abreisen«, sagte sie.

»Ich weiß. Ist vielleicht besser so.«

»Wie meinst du das?«

Er schüttelte den Kopf und reichte ihr das Tourenbuch. Sie schaute es ungläubig an.

»Das kannst du doch nicht hierlassen.«

»Unnötiger Ballast. Ich trage den Eiger hinterher ein.«

»Soll ich hier auf dich warten?«

Er schüttelte den Kopf.

»Es gibt Wichtigeres als unsere Tour.«

Luise zuckte mit den Achseln.

Sie schmiegte sich an ihn und machte sich plötzlich wieder los.

Sie betrachteten einander einen Moment lang, er sah ihre strahlenden Augen, den Ansatz ihrer kleinen weichen Ohrmuscheln, deren Schwung er so mochte. Dann tauchten ihre Gesichter ganz von selbst ineinander ein. Als Toni Luises Lippen spürte, ging ein Kitzel über die Haut seiner Arme, lief in den Nacken, schien ihn zu lähmen. Aber es war eine angenehme Starre, die ihn befiel, eine Ruhe, in der alles andere überflüssig wurde. Nicht einmal den Eiger brauchte er noch, einfach nur dieses Zimmer, diese schlanken, warmen Arme, dieses Mädchen. Aber er wandte sich ab und sagte:

»Auf bald.«

»Auf bald, Toni.«

Luise schloss das Tourenbuch in ihr Nachtkästchen und legte sich wieder ins Bett. Schlafen konnte sie nicht.

Als Toni zum Zelt zurückkam, war es zwei Uhr. Nichts regte sich auf den Wiesen am Eigerfuß. Ein fahler Halbmond stand am Himmel und erleuchtete die feinen Dunstschleier, die träge über die Matten rollten. Toni rüttelte seinen Freund wach. Andreas schlug die Augen auf, warf einen Blick auf die Armbanduhr und schälte sich aus dem Schlafsack.

Als er seine Stiefel anzog, stieß er an einen Blechnapf, der klirrend gegen die Zeltstange stieß.

»Pscht«, sagte Toni, »weck mir die Konkurrenz nicht auf.«

Jeder schnallte sich einen Bund Mauerhaken und Karabiner um. Sie schulterten ihre Rucksäcke, warfen sich die Seile über die Schultern und schlossen das Zelt.

Die taufeuchte Wiese schluckte ihre Schritte, nur das feine Klingeln der Haken verriet, dass jemand auf die Nordwand zumarschierte.

Sie blieben stehen, um zu pinkeln, ließen sich die kühle

Nacht um den Nacken streichen, lauschten – nichts. Niemand war so früh aufgestanden. Sie drehten sich noch einmal um, ihr Zelt kauerte am Hang, nicht weit von den beiden anderen, im Hintergrund leuchteten die Laternen an den Hotels. Dann suchten sie sich einen Pfad durch das Geröllfeld.

III.

»Glück ist der Einsatz der letzten Reserven.«

Alfred Wegener

Seit Urzeiten leben die Menschen in Ehrfurcht vor den Bergen. Die Griechen glaubten, dass auf dem Olymp die Götter wohnten, die Tibeter halten den Himalaja, das »Dach der Welt«, für eine Ansammlung von Gottheiten. Dass man ohne einen zwingenden Grund Berge ersteigt, ist eine recht moderne Erscheinung, häufig waren solche Unternehmungen mit schöngeistigen oder wissenschaftlichen Ambitionen gepaart. Manchmal hielt man es schlichtweg für einen Ausdruck plötzlichen Wahnsinns, wie im Falle der vierundvierzigjährigen Pariserin Henriette d'Angeville, die ohne jegliche alpine Erfahrung 1838 beschloss, sie wolle den Montblanc besteigen. Ihren Führern sagte sie, als sie kurz vor dem Kollaps war: »Wenn ich sterben sollte, ehe ich den Gipfel erreiche, tragt meine Leiche hinauf und lasst sie oben; meine Familie wird euch belohnen.« Doch die Angeville erreichte den Gipfel aus eigener Kraft und lebte fortan mit dem Spitznamen »Montblanc-Braut«.

Das britische Empire brachte im 19. Jahrhundert Generationen passionierter Bergtouristen hervor, meist wohlhabende Adlige, die mit Hilfe einheimischer Führer die Alpen erwanderten und Gipfeleroberungen wie Trophäen sammelten. Aus dem Wandern wurde Steigen, aus dem Steigen Klettern, und damit kam die Wende. Die körperlichen Anforderungen waren so extrem, dass für die Betrachtung der Natur, das Genießen der alpinen Panoramen kaum noch Zeit blieb. »Felsturnen« oder »Akrobatik« wurde das Klettern in senkrechten Wänden von vielen abschätzig genannt, angeblich geboren aus dem Minderwertigkeitskomplex gesellschaftlich benachteiligter Schichten. Denn die modernen Kletterer waren keine Adligen oder reichen Bürger mehr, sondern Bäckergehilfen und Schlosser, Schuhmacher oder Fabrikarbeiter, manchmal schlichtweg Vagabunden. Sie kamen nicht mehr aus den literarischen Salons des Empire, sondern vorwiegend aus Deutschland, Österreich und Italien, wo mit den Dolomitentürmen exzellente Trainingsstrecken zur Verfügung standen.

Auch die Schweizer standen lange abseits. Sie sahen zu, wie Verrückte ihre todbringenden Wände erkletterten. »Ogre« heißt der »Eiger« in der französischsprachigen Schweiz: »Menschenfresser«. Die europäische Presse schwankte zwischen Bewunderung und Abscheu. Aber kaum jemanden ließ das Extremklettern kalt.

Als in den Dreißigerjahren die Begeisterung für die Nordwand begann, stellte der Regierungsrat in Bern seine Bergretter ausdrücklich von allen Pflichten frei: »Seilschaften, die die Eigernordwand zu begehen beabsichtigen, sind durch die Rettungsstationen und die Führer vor dem Einstieg in die Wand zu warnen. Sie sind ausdrücklich darauf aufmerksam zu machen, dass im Falle eines Unglücks keine Rettungsversuche angeordnet werden.«

18. Juli, 2.20 Uhr

»Sollen wir nicht doch auf die Sedlmayr-Route gehen?«, fragte Toni, als sie sich dem Sockel näherten.

»Nein«, antwortete Andreas. »Es muss da rechts eine Lösung geben. Hättest du mich nicht zurückgepfiffen, würden wir die Lösung schon kennen.«

Nachdem Andreas und Toni etwa zwei Stunden lang

nebeneinander, ohne Hast und ohne Gefahr, durch den Geröllsockel der Wand gestiegen waren, kamen sie an festen Fels. Sie verständigten sich mit einem Blick, das heißt eigentlich war nur ein Innehalten Tonis nötig, ein Griff an die Schulter, wo die Seile hingen, und Andreas blieb ebenfalls stehen. Es begann zu dämmern, manchmal hörte man ein Rieseln, kleine Steine sprangen über die Kanten, sammelten sich in Spalten und Kanälen und wurden zu kleinen Lawinen. Noch war es kalt, Tauwasser kam nicht vom Berg, aber die Sonne würde die Wand bald aufwecken.

»Ich steige vor«, sagte Toni, »kurzes Seil, hier brauchen wir noch keine Haken.«

»Wollen wir nicht überschlägig steigen?«, fragte Andreas. *

Toni schüttelte den Kopf. Er wollte vorn bleiben, in gleichmäßig verhaltenem Tempo, damit Andreas sich nicht zu früh verausgabte. So hoch die Eigerwand war, so labil das Wetter, die Furcht vor zu häufigem Biwakieren – man durfte sich nicht aus der Ruhe bringen lassen.

Im ersten Wandabschnitt gab es noch reichlich Standplätze, Andreas und Toni sicherten jeweils den Partner, indem sie das Seil über Rücken und Schulter laufen ließen und sanft auf Zug hielten. Dabei standen sie einfach, oder sie legten sich leicht in das Seil und lehnten sich an den Fels. Je länger sie stiegen, desto besser wurde ihre Laune. Die trüben Nachtgedanken waren endgültig verscheucht, alles wurde plötzlich angenehm leicht.

Doch als sie fast den Ersten Pfeiler erreicht hatten, rutschte Toni von einem Block, der sich unter seinem Ge-

* Überschlägig bedeutet, dass nach jeder Seillänge die Führung wechselt, was für hohes Tempo sorgt, weil für jeden Bergsteiger Ruhe- und Anspannungsphasen gleichmäßig wechseln.

wicht aus der Wand löste, und auf Andreas herabzufallen drohte. Toni warnte Andreas mit einem Schrei, und dieser presste sich in den Fels, hinter einer kleinen Nase, an der der Brocken wie ein Ball abprallte, um weiter unten, auf dem Geröllfeld, nach zwei-, dreimaligem Aufspringen, stecken zu bleiben. Der Stein war so groß wie ein Kinderkopf gewesen.

Toni nahm sich vor, noch vorsichtiger zu sein. Er prüfte vorspringende Steine, indem er den Fuß zunächst leicht aufsetzte und erst dann belastete, wenn der Tritt sicher zu sein schien. Manchmal schob er die Steine in die Wand oder in Risse, in denen sie sich verkeilten.

Ein ums andere Mal wartete er, bis Andreas auf seinen Standplatz heraufgekommen war, dann erst kletterte er weiter.

Das Klettern am Seil ist, wenn es korrekt ausgeführt wird, eine absolut sichere Methode, auch die steilsten Felsen zu überwinden. In der Zweier-Seilschaft, der schnellsten Klettermethode, sichert jeder das Gewicht seines Partners. Wenn dieser einmal den Halt verlieren sollte, stürzt er, bis das Seil den Sturz bremst. Entscheidend ist, dass das Seil nicht zu viel Spiel hat, dass der Partner also nicht mehr als zwei, drei Meter stürzt. Ohne Hakensicherung ist der Vorsteiger allerdings einer relativ großen Gefahr ausgesetzt, denn wenn er stürzt, fällt er die doppelte Seillänge, bei fünf Metern Seil von fünf Metern über dem Partner bis auf fünf Meter unterhalb. Ein Hanfseil hält einer solchen Belastung nicht stand. Es sei denn, der Sichernde verfügt über so viel Geistesgegenwart und Geschick, dass er den Zug im Seil dämpft, indem er, so weit auf einem Standplatz im Fels möglich, mit dem ganzen Körper nachgibt und den Ruck abfedert.

Als es hell wurde, waren Toni und Andreas schon so hoch in der Wand, dass sie weit über die Kleine Scheidegg sehen konnten. Unter ihren Füßen war nur Luft.

»Lässt sich gut an, oder?«, fragte Andreas.

Kein Wunder, ihre Rucksäcke waren leicht. Bis zu diesem Punkt waren sie schon mehrmals gekommen. Vom Depot an würde die Last mindestens drei Mal so schwer sein, und das veränderte das Klettern völlig. Der Körper wurde nicht nur schwerer, sondern der Schwerpunkt verlagerte sich auch nach hinten, weiter aus der Wand. Aber bis zum Depot waren es noch einige Stunden. Sie standen nebeneinander auf einem Band, ihr Atem dampfte im Morgenlicht. Kein Laut kam aus der Wand, bis auf das leise Prasseln sich lösender Steine.

»Ab jetzt schlagen wir Haken, steigst du vor?«, fragte Toni.

Andreas ließ sich nicht zweimal bitten.

Während Toni das lange Seil nahm und es sich durch den Schritt und über die Schultern schlang, zog Andreas einen Haken von seinem Bund, dann band er das Seil um die Hüfte und kletterte los, den Haken noch immer in der Hand.

»Was für ein Spinner«, dachte Toni, »greift den Fels nicht richtig und verliert mir womöglich die Haken.«

»Bind dir eine Reepschnur um den Hals und häng den Haken in einen Karabiner, bis du ihn in die Wand gehämmert hast. Wir dürfen nicht einen Haken verlieren«, mahnte Toni den Freund.

Aber Andreas war so entfesselt, dass er auch den Hammer schon beim Klettern aus dem Gürtel zog. Den ersten Haken trieb er mit wuchtigen Schlägen in einen Riss. Er hängte Karabiner und Seil ein, kletterte an dem Haken vorbei und schlug den nächsten in die Wand. Die Haken saßen fest, er konnte sie in großem Abstand setzen. Es wechselten Risse und Kamine – ein Vergnügen für jeden Felskletterer. Andreas überwand etwa zwanzig Meter, bis er einen sicheren Standplatz gefunden hatte. Er sicherte sich selbst mit einem zusätzlichen Haken und rief Toni zu, er solle nachkommen. Diesem fiel jetzt die undankbare Aufgabe zu, alle Haken wieder aus der Wand zu klopfen, an seinen Gürtel zu hängen und auf dem Standplatz Andreas zu übergeben.

Edi Rainer und Willy Angerer waren gegen vier Uhr aufgebrochen, und schon am Wandsockel wussten sie, dass sie nicht allein in der Wand waren. Immer wieder kamen kleine Steinlawinen, ab und zu sprang ein größerer Brocken in launigen Bögen über die Felszacken. Rainer und Angerer mussten der Falllinie ausweichen. Sie waren nicht nur sauer, dass ihnen jemand zuvorgekommen war, schlimmer war, dass dieser jemand die Route ging, die sie sich selbst ausgesucht hatten. Also stiegen sie etwas weiter links in die Wand. Niemand hatte in diesem Sommer die Wand länger belagert, länger studiert, hatte den Aufstieg besser vorbereitet als Rainer und Angerer. Seit fast zwei Wochen hatten sie trainiert und auf den günstigsten Augenblick gewartet. Sie fühlten sich betrogen.

Sie kletterten noch frei am Seil, als sie das Hämmern hörten. Kurz darauf fingen sie selbst an, Haken zu schlagen. Sie holten auf, aber auf ihrer ursprünglich geplanten Route wären sie noch schneller vorwärtsgekommen.

»Die klettern genau auf unserer Route«, sagte Angerer. »Und wir haben jetzt die doppelte Mühe.«

»Dann lass uns wieder nach rechts gehen.«

Sie waren kaum in die Kamine eingestiegen, als eine kleine Steinfontäne nach unten schoss. Angerer, der vorstieg, hatte sich zur Dämpfung die Wollhandschuhe unter den Filzhut geschoben. Sand und kleine Steine bestäubten ihm das Gesicht, rieselten in den Kragen, kitzelten unter seinen Ärmeln. Sogar unter den Zähnen knirschte es.

»Ist das eine Sauerei«, schrie er.

»Vorsicht!«, schrie Rainer von unten zurück, doch Angerer sah den Stein zu spät. Er traf ihn an der Stirn, Angerer war nicht einmal ausgewichen. Einen Moment lang fühlte er gar nichts, sah nur ein grelles Licht, dann spürte er einen feinen Stich.

»Willy«, schrie Rainer.

»Geht schon.«

Er schüttelte das Gefühl der Benommenheit ab, griff in den Fels, suchte mit einem Fuß nach einem Tritt, schob sein Becken hoch, griff weiter oben. Es war nichts passiert, sein Körper arbeitete stur wie immer.

»Hey, ihr da oben, passt auf, wo ihr hintretet. Ihr schmeißt uns die ganze Wand an den Schädel.«

Es kam keine Antwort.

Rainer beobachtete seinen Kameraden genau und sah, dass Blut von seiner Stirn tropfte.

»Du hast eine Platzwunde am Kopf«, rief er.

»Nur ein Kratzer.«

»Jetzt zeig schon her.«

Rainer hatte hastig zu Angerer aufgeschlossen und ihm die Mütze abgezogen.

»Lass mich.«

Angerer hatte einen etwa fünf Zentimeter langen Riss an der Stirn, aus dem dunkelrotes Blut rann. Augenbraue und Schläfe waren bereits blutverschmiert, und er musste sich immer wieder das Auge freiwischen. Rainer holte seine Feldflasche aus dem Rucksack und wollte die Wunde auswaschen, aber Angerer schob ihn weg.

»Das ist nichts.«

»Jetzt hör auf, ich muss dich verbinden.«

Mehrmals versuchte Angerer einfach weiterzuklettern, und jedes Mal zog Rainer ihn zurück auf den Standplatz, während er Verbandszeug und Pflaster aus dem Rucksack holte. Nachdem er seinem Kameraden einen Kopfverband angelegt hatte, setzte er ihm die Mütze wieder auf und sagte:

»So, jetzt darfst du weiter, bist fast wieder wie neu.«

Luise hatte nicht geschlafen. Immer wieder war sie ans Fenster getreten, hatte hinaus in die Nacht gestarrt und sich gefragt, wann die beiden losgehen würden. Der Himmel war, bis auf ein paar Dunstschleier, sternenklar.

Als es dämmerte, lief Luise auf die Terrasse und suchte mit dem Teleskop die Wand ab. Sie hatte in Tonis Tourenbuch eine Skizze gefunden, aber auf dem eingezeichneten Weg war niemand zu sehen. Dann sah sie unten zwei kleine schwarze Punkte, eine Zweier-Seilschaft. Sie beobachtete die beiden lange, sie kletterten ruhig, sicher und zügig, aber nach einiger Zeit merkte sie, dass es nicht Toni und Andreas waren. Wo waren die zwei?

Ein Journalist vom Berner »Bund«, der verschlafen gegrüßt hatte, fragte:

»Bergsteiger in der Wand?«

Als Luise nickte, stürzte er ans Telefon und seine Stimme versetzte das ganze Hotel in helle Aufregung.

»Stimmt das?«, fragte Arau, der nach ein paar Minuten angelaufen kam, »wieso informieren Sie zuerst die Konkurrenz?« Araus Frisur sah derangiert aus, und sein unrasiertes Kinn schimmerte bläulich.

»Ausgerechnet jetzt muss ich nach Spanien. Ich könnte aus der Haut fahren.«

Luise sagte zu Arau:

»Ich bleibe hier.«

Arau schaute sie durchdringend an.

»Wenn die Redaktion uns abzieht, haben Sie keine Wahl.«

»Ich bin der Redaktion nicht zu Gehorsam verpflichtet.«

»Man hat viel Geld in uns investiert.«

»In die Eiger-Geschichte.«

Arau war verblüfft. Falls er wütend war, überspielte er schnell seinen Ärger. Er schaute hinauf in die Wand und sagte:

»Scheint Ihnen ja sehr nahezugehen. Ich werde sehen, was ich für Sie tun kann.«

»Für mich oder für uns beide?«, antwortete Luise, und Arau schaute verwirrt.

18. Juli, 9 Uhr

Andreas und Toni hörten die Rufe von unten, und sie hatten längst die Stimmen erkannt.

»Wer seid ihr da oben?«, schrien Angerer und Rainer, »raus aus unserer Route.«

»Die habt ihr nicht gepachtet«, schrie Andreas zurück.

Die Österreicher gingen ein höllisches Tempo. Sie hatten bereits fast zwei Stunden Rückstand aufgeholt, obwohl sie genau dieselbe Arbeit verrichten mussten, wenn nicht härtere als Toni und Andreas. Denn die Österreicher mussten auf den Steinschlag achten, manchmal Alternativrouten suchen, und Haken fanden sie genau so wenig vor wie ihre Vorgänger, denn die brauchten dringend jeden Haken und zogen sie deshalb aus dem Fels, wenn sie vorbeigestiegen waren.

Toni war wieder im Vorstieg, am Zerschrundenen Pfeiler, den er nach wenigen Tagen Training schon lieb gewonnen hatte. Alle paar Meter hatte dieser Pfeiler ein anderes Gesicht, mal leicht nach links, mal nach rechts geneigt, mit winzigen Rissen, in die man sich mit den Fingerkuppen krallen konnte, dann wieder überhängend, so dass man sein ganzes Geschick oder die Geduld zu einem kleinen Quergang brauchte, dann plötzlich fand man kleine Kamine und Spalte, in denen man sich emporarbeiten konnte, indem man sich mit Rücken und Beinen quer in den Kamin stemmte. Hinderlich war dabei nur der Rucksack, den sie an solchen Stellen abschnallten und hochseilten.

Toni hatte seine innere Ruhe verloren. Ihm war warm, und er schob sich immer schneller aufwärts, schlug in immer größeren Abständen die Mauerhaken. Wenn er »Nachkommen« schrie und Andreas gemächlich die Haken herausklopfte, ging ihm das *Pling-pling-pling* auf die Nerven.

»Leg mal einen Zahn zu«, rief Toni hinunter.

»Wieso denn?«

»Angerer und Rainer schließen gleich auf.«

»Na und?«

Toni war verblüfft. Ausgerechnet Andreas hatte es jetzt nicht mehr eilig.

»Was ist, wenn sie vorbeiziehen?«, fragte Toni.

»Dann lassen wir sie vorbeiziehen. Ich dachte, dir ginge es beim Klettern nicht um Ehrgeiz.«

Sie kamen an ein kleines Schneefeld. Eine scharf abfallende weiße Fläche. Von unten, von der Scheidegg aus, hatte sie wie ein relativ sanfter Hang gewirkt, nur eine kleine Unterbrechung der Felsformation, ein Kinderspiel. In Wirklichkeit war es eine Falle, steil wie eine Hauswand, bedeckt mit einer glitschigen Mischung aus Neuschnee, Firn und Eisplatten, deren Lichtreflexe die Augen blendeten.

»Wir hätten bessere Schneebrillen besorgen müssen«, sagte Andreas.

Toni setzte seinen linken Fuß vor und hielt kurz den Atem an. Andreas sicherte. Als Toni sein Gewicht verlagerte, weil sein Stiefel, mit einem gemütlichen Knarzen, tief einsank und er das andere Bein nachziehen wollte, ging ein Knistern durch den Hang. Ein Riss bildete sich, ein Schneebrett von vielleicht zwanzig Metern Länge brach in einer gezackten waagerechten Linie aus der vermeintlich stabilen Fläche und sauste ins Tal. Toni mittendrin. Zusammen mit dem Brett flog er senkrecht den Berg hinab, schwer wie ein Fels und schnell wie ein Pfeil. Instinktiv hackte er mit dem Eispickel in die zerstaubende Fläche, ein, zwei, drei Mal, bis er ins Eis eindrang, Halt fand. Wie nur hatte Andreas sich am Vortag im Firn halten können? Mit bloßen Händen? Toni klammerte sich mit beiden Händen an den Stiel, der Eispickel kratzte durch den Firn, Toni schlug noch einmal, und da hing er, heftig atmend. Er hatte sich gefangen, ehe das Seil Andreas mitreißen konnte.

»Lass dir Zeit«, rief dieser, »wir müssen Stufen schlagen.« Das Schneefeld hatte sich seit ihrem letzten Erkundungsgang bereits wieder verändert, die obere Firnschicht war angetaut und überfroren, bildete aber keine kompakte Einheit mit dem Untergrund. Die Oberfläche sah also zwar genau so aus wie am Vortag, konnte aber zur tödlichen Falle werden. Andreas schien darüber kein bisschen erschrocken.

»Weißt du, wie lange das dauert? Und wie tief wir hier graben müssen? Die oberen Schichten sind morsch.«

Sie suchten die Wand ab. Der angrenzende Fels war noch schwieriger. »Wir haben keine Wahl«, sagte Andreas. »Umgehen können wir dieses Eis nicht.«

»Und die Österreicher latschen dann seelenruhig durch unsere Stufen«, sagte Toni.

»Na und?«

»Kannst du mir sagen, warum du so verdammt entspannt bist?«, fragte Toni, als er sich einen sicheren Standplatz gehackt hatte. Er ärgerte sich über sich selbst. Warum zum Teufel war er nur so kleinlich? Nichts hasste er mehr als dieses Konkurrenzdenken, aber er entkam ihm einfach nicht. Die Eigernordwand gab es länger als den Menschen. Nie war sie durchstiegen worden, und nun fürchtete er, nach Millionen Jahren um ein, zwei Stunden zu spät auf den Gipfel zu kommen?

Sie brauchten zweieinhalb Stunden für das erste Schneefeld. Viel länger als geplant.

Über ihnen wölbten sich ein paar Felsen fast wolkenförmig aus der Wand. Unter einem dieser bauchigen Vorsprünge hatten sie ihr Depot angelegt, damit die Rucksäcke vor Steinschlägen und Lawinen sicher waren.

Andreas öffnete den Karabiner und zog den Rucksack vom Sicherungshaken. Er war plötzlich verstummt. Die Rucksäcke waren zerfetzt.

»Was ist los?«, fragte Toni.

»Die sind aufgerissen.«

»Fehlt etwas?«

Andreas kramte im Material, aber Toni hatte es schon an der Form des Rucksacks erkannt: Die Steigeisen waren herausgerutscht. Sie starrten in die Tiefe, vielleicht hatten die Steigeisen sich irgendwo verfangen, aber sie sahen nur eine glatte Felswand und gähnende Leere.

»Verdammt, weißt du, was das heißt?«, fragte Andreas.

»Natürlich, wir müssen bis ganz nach oben Stufen schlagen.«

Gipfel
Mittellegigrat
Gipfeleisfeld
Corti-Biwak
Ausstiegsrisse
Spinne
Götterquergang
Rampeneisfeld
Brüchiger Riss
Brüchiges Band
Wasserfallkamin
Rampe
Drittes Eisfeld
Todesbiwak
Bügeleisen
Zweites Eisfeld
Eisschlauch
Erstes Eisfeld
Rote Fluh
Schwalbennest
Hinterstoisser-Quergang
Schwieriger Riss
Stollenloch
Zerschrundener Pfeiler
Erster Pfeiler
Einstieg

Benno Fürmann (rechts) als Toni Kurz und Florian Lukas als Andi Hinterstoisser

Seite 1:
Die Eigernordwand

Auf dem Gipfel des Mühlsturzhorns

Ulrich Tukur als Henry Arau und Johanna Wokalek als Luise Fellner

Luise und Arau auf der Kleinen Scheidegg, im Hintergrund die Eigernordwand

Rechte Seite:
Erwin Steinhauer (links) als Emil Landauer und Georg Friedrich als Edi Rainer

Petra Morzé als Elisabeth Landauer

Andreas übt den »Hinterstoisser-Quergang« am Mühlsturzhorn

Rechte Seite unten:
Simon Schwarz (links) als Willy Angerer und Georg Friedrich als Edi Rainer

Rettungsversuch: Luise und der Steckenwärter der Jungfraubahn Albert von Allmen (Branko Samarovski)

Von der Euphorie der Morgenstunden war nichts mehr übrig.

Andreas schaute Toni an, dann die weite Landschaft, die sich unter ihnen dehnte. Ein verstörender Anblick. Auch ohne die Feldstecher, die sie im Zelt gelassen hatten, um Gewicht zu sparen, erkannten sie das Gewimmel auf der Kleinen Scheidegg. Sie setzten sich auf die oberste Stufe, die sie ins Eis geschlagen hatten – im Fels gab es nur fußbreite Bänder –, aßen ein wenig Schwarzbrot und schnitten sich jeder einen Streifen Speck ab. Das Essen beruhigte ihre Nerven ein wenig, und sie standen auf, um weiterzuklettern. Angerer und Rainer waren inzwischen so nah, dass sie deren Gespräche hörten.

Arau stand am Telefon und kabelte seinen ersten Bericht an die Redaktion: »… hat sich am Fuß der Eigernordwand endgültig die Spreu vom Weizen getrennt. Absatz. Zwei Seilschaften sind heute vor Tagesanbruch in die Wand eingestiegen. Die Gefechtspause ist zu Ende, der Angriff auf das letzte Problem der Alpen in vollem Gange.«

Luise störte der sensationslüsterne Ton. Gefechtspause. Solche Worte nahmen Bergsteiger nie in den Mund, sie berichteten viel nüchterner, und auch sonst wurde in den Zeitungen weniger dick aufgetragen, jedenfalls in seriösen Blättern. Wieso musste Arau nur so viel Wind machen? Mit einem Ton, der in den »Völkischen Beobachter« gepasst hätte. Wollte er sich helfen oder der »Berliner Zeitung«, die einfach nicht über ihre Auflage von 40000 kam?

»So, Luise, jetzt wollen wir mal sehen, ob die es wagen, uns abzuziehen.«

»Sie meinen, Sie haben das für mich getan? Das war nicht nötig, ich bleibe auf jeden Fall.«

»Jetzt reden Sie keinen Unsinn. Sie kennen die neuen

Reisebestimmungen zwischen Deutschland und der Schweiz, wenn Sie einfach hierbleiben, können Sie nie wieder zurück. Und die Schweizer werden Sie auch nicht behalten.«

Landauer kam mit Gattin und grüßte durch ein Tippen an die Hutkrempe.

»Wünschen, wohl geruht zu haben«, sagte er in seinem Wiener Singsang.

Luise lächelte.

»Bergsteiger in der Wand«, sagte Arau, »Deutsche und Österreicher.«

Landauer verdrehte die Augen und sagte: «Aber wahre Österreicher sind das nicht.«

»Wie kommen Sie darauf?«

»Die haben sich nach Deutschland abgesetzt, um sich der Verhaftung zu entziehen.«

»Weil *Ihre* Regierung die Nationalsozialistische Partei in Österreich verboten hat«, erwiderte Arau.

»Die beiden sind in der SA. Und Sie wissen wohl, wer hinter den Bombenanschlägen in Österreich steckt.«

Arau war jetzt richtig wütend. Das Gespräch erweckte allgemeine Aufmerksamkeit.

»Das sind Unterstellungen, für die Sie keine Beweise haben.«

»Und wie ist der Sprengstoff nach Österreich gekommen? Man braucht viel Geschick, wenn man solche Kisten über die Berge schmuggeln will, das können Sie einem Fachmann für Importfragen schon glauben. Da braucht es echte Alpinisten.«

»Sie sind ein Defätist.«

Landauer zuckte die Achseln.

»Ich versuche, die Dinge aus der historischen Vogelperspektive zu sehen.«

Dann ließ er sich von seiner Gattin auf die Terrasse dirigieren, wo er mit satten Trinkgeldern einen Tisch an der Brüstung und eine niedrige Wartenummer für ein Teleskop ergatterte.

Arau kehrte auf das Zimmer zurück, um seine Morgentoilette zu beenden. Er war noch immer wütend, was nahm Landauer sich eigentlich heraus? Er vollendete seine Rasur, hielt sich bei der Dosierung des Parfüms zurück und kehrte in die Hotellobby zurück, um den Anruf der Chefredaktion entgegenzunehmen. Fast war es ihm egal, ob er hier mit Luise noch länger bleiben durfte. Auf keinen Fall nach Spanien, das war klar. In Madrid und Barcelona wurden Italiener und Deutsche gemeuchelt.

Er sehnte sich plötzlich nach der einfachen Ledercouch in seinem Arbeitszimmer, dem Knarren der Dielen, über die die nackten Füße seiner Kinder schlichen, nach den ausrasierten Nacken der beiden Buben, den schlanken Handgelenken seiner achtjährigen Tochter. Sie hatte die zarten langen Glieder seiner Frau Henriette, jedenfalls der Henriette, die er vor fünfzehn Jahren geheiratet hatte.

Als Toni und Andreas sich Richtung Rote Fluh aufmachen wollten, kamen Rainer und Angerer durch das Schneefeld. Es war noch keines der berühmten weiten Schneefelder, nur eine kleine Wandstufe von etwa vierzig Metern Höhe, die jedoch Sommer wie Winter von Schnee und Eis bedeckt war. Die beiden Österreicher gingen in zügigen, gleichmäßigen Schritten, schlugen dabei zur Sicherung den Eispickel in den Firn. Sie setzten ebenso wenig Eishaken wie Toni und Andreas, waren nur aneinandergeseilt.

»Dacht ich mir's doch, dass ihr das seid«, sagte Willy Angerer. Er ging vorneweg, mit einem riesigen Rucksack, unter dessen Gewicht er ein wenig zu wanken schien. Als er auf wenige Meter herangekommen war, erkannte Toni, dass der dunkle Schatten über seinem Gesicht, den er für verkrusteten Staub gehalten hatte, rotbraun war. Unter seinem Hut war ein Verband, der starr war von getrocknetem Blut.

»Was ist mit deinem Kopf passiert?«, fragte er.

»Frag nicht so blöd. Ihr könnt noch so viele Lawinen lostreten, ihr werdet uns doch nicht los.«

»Wir wussten nicht, dass ihr auch in der Wand seid«, sagte Andreas.

»Das wusstet ihr nicht? Seit zwei Wochen redet man von nichts Anderem. Und wieso habt ihr euch dann mitten in der Nacht wie Diebe davongestohlen?«

»Wir wollen heute noch bis übers zweite Eisfeld, und da haben wir etwa zwanzig Stunden eingerechnet. Wie schlimm ist deine Verletzung?«

Angerer machte eine verächtliche Geste. Andreas und Toni schauten Edi Rainer an, dessen Gesicht merkwürdig ausdruckslos blieb. Angerer sagte: »Das Wetter ist ideal, noch nie ist jemand so schnell aufgestiegen wie wir.«

»Kein Wunder, wenn die Stufen schon geschlagen sind«, antwortete Toni. »Wollt ihr etwas essen?«, fragte er und machte eine versöhnliche Geste mit seinem Brotkanten. Die beiden Österreicher schüttelten den Kopf, schnallten die Rucksäcke ab und nahmen ihren eigenen Proviant heraus. Sie aßen schweigend ein wenig Brot und Zucker, dann wollte Rainer Angerers Wunde untersuchen. Dieser sträubte sich.

»Ich will sie nur ein wenig auswaschen, wenn du Fieber kriegst, sind wir angeschmiert.«

»Ach was, Fieber«, sagte Angerer, aber als Rainer seine Mütze lüftete, verzog sich Angerers Gesicht unter Schmerzen: Die Platzwunde war wieder aufgebrochen und blutete.

»Ihr müsst umkehren«, sagte Toni, »das ist unverantwortlich.«

»Red keinen Blödsinn«, sagte Angerer, »ihr habt doch gesehen, dass wir schneller sind als ihr.«

»Es wird jede Stunde schwieriger. Die Eisfelder sind eine Plackerei, hundertmal steiler, als sie von unten aussehen. Die Wand ist konkav, und wenn der untere Teil schon so grausam ist, wie wird es dann erst im Ausstieg?«

»Umkehren kommt nicht in Frage, wegen so einem Kratzer«, sagte Angerer, »dann hättest du mit deinem Knie auch nicht aufbrechen dürfen«, sagte er zu Andreas gewandt.

»Woher weißt du von meinem Knie«, fragte Andreas.

Angerer zuckte nur die Achseln und sagte: »Wenn ihr Angst habt, dass ihr uns helfen müsst, dann klettert jede Seilschaft für sich. Ihr seid nicht für uns verantwortlich.«

Toni schüttelte den Kopf. Er mochte keinen Streit, schon gar nicht in der Wand.

Angerer schnallte sich den Rucksack auf und sagte:

»Auf geht's, Edi.«

Dann stieg er voraus über die gewölbten Felsen. Er ließ nicht einmal seinen Rucksack zurück, sondern zog sich mit seinen bärenstarken Armen über die kleinen Überhänge, wo er mit einigen wenigen Schlägen einen Mauerhaken in den Fels trieb. Willy Angerer war nicht von ungefähr einer der berühmtesten Bergsteiger seiner Zeit. Er war älter als Toni und Andreas, er hatte ihnen Training und Erfahrung voraus. Er wusste, was er tat.

War beim Witterungsumschwung die Kleine Scheidegg zum Rummelplatz geworden, so verwandelte sie sich nun, ein paar Stunden später, in ein Tollhaus. Immer noch kamen unzählige Journalisten und Schaulustige an, die Hotelbetreiber schlossen ihre Terrassen für Tagestouristen und erhöhten die Miete für die Teleskope. Die Telefonleitungen waren überlastet, die Kellner blieben mit ihren Tabletts in der Menge stecken. Es wurde diskutiert und gestritten, Frauen klammerten sich an die Fernrohre, jubelten und betrachteten dann, wenn sie an die Tische zurückkehrten, ihre dort sitzenden dicklichen Männer mit leicht verächtlichem Gesicht.

Fachleuten und Laien war klar, dass die vier in der Wand ein sensationelles Tempo gingen. In der Morgendämmerung waren sie schon auf vier-, fünfhundert Metern Höhe, ein Viertel der Wand. Ein strahlend blauer Himmel überspannte den Eiger, es bahnte sich eine historische Stunde an. »Ich setze auf die Deutschen«, brüllte jemand, »ich auf die Österreicher«, hielt jemand dagegen, aber kaum einer konnte die Seilschaften identifizieren.

Emil Landauer saß mitten im Gedränge und schüttelte den Kopf. »Was für eine Errungenschaft«, sagte er, »Geckos und Küchenschaben laufen seit jeher die Wände hoch.«

Nicht nur seine Frau warf ihm vernichtende Blicke zu. Emil Landauer erhob sich, um seinen Platz zu räumen, was nicht so leicht war. Als er auf der Wiese hinter dem Hotel stand, warf er noch einmal einen Blick auf den Eiger, auf dieses graue Dreieck, das sich spitz in den Himmel bohrte. Wenn man die Wand aus dem Halbprofil betrachtete, ähnelte sie einer Speerspitze. Landauer versuchte sich vorzustellen, was man da oben im Fels empfand. Es gelang ihm nicht.

Arau gab Luise Anweisung, möglichst viele Bilder zu schießen. Die Redaktion hatte die endgültige Entscheidung vertagt. Wenn die Bergsteiger ihr Tempo beibehielten, sollten Arau und Luise bis zum Gipfelsieg in der Schweiz bleiben und versuchen, sich Exklusivinterviews zu sichern.

»Sie müssen dafür sorgen, dass wir die Exklusivrechte bekommen«, sagte Arau zu Luise.

»Wofür?«

»Für Interviews, die ganze Geschichte.«

»Wie soll ich denn all die anderen Reporter fernhalten?«

»Ihre Freunde dürfen nur mit uns sprechen.«

»Mit welchem Recht sollte ich das von den beiden fordern? Die Geschichte gehört doch allen«, sagte sie.

»Die anderen können von uns abschreiben, wenn Sie wollen, und wenn sie die Rechte bezahlen. Das ist der Kompromiss, den ich mit dem Redaktionsleiter aushandeln konnte.«

Luise ging mit dem Feldstecher über die Kleine Scheidegg. Sie beobachtete das Geschehen in der Wand, das sich dank der guten Fernsicht in allen Einzelheiten verfolgen ließ. Man erkannte sogar, wie die winzigen Männchen Haken schlugen, einander mit Gesten dirigierten, ins Tal schauten. Manchmal meinte Luise, sie könnte Toni winken sehen, dann schwenkte sie die Arme und rief aus vollem Hals. Wenn sie jedoch sah, wie er einen Griff losließ oder mit der Stiefelspitze nach einem Tritt im Fels suchte, wie er immer wieder neu ansetzte, manchmal mit weit gespreizten Beinen, in prekärer Lage nach einem winzigen Riss im Fels suchte, dann wich ihre freudige Erregung der Angst, und sie musste sich zwingen, nicht die ganze Wand in Blick zu nehmen, die Falllinie unter Toni und Andreas.

»Mönch, Eiger, Jungfrau, Touren für jedermann, Touren für jeden Geldbeutel«, schrie jemand an der Station »Kleine Scheidegg«. Es waren drei Bergführer, die von den Neuankömmlingen umringt wurden. Luise kämpfte sich durch die Menge und rief:

»Wer von Ihnen bringt mich in die Nordwand?«

Adolf Rubi, ein stämmiger Mann in mittleren Jahren, in dem man keinen Bergsteiger vermutet hätte, schaute seinen Bruder an, dann Schlunegger, den Dritten im Bunde.

»Das ist nur etwas für Selbstmörder.«

»Wie viele Seilschaften sind denn in der Wand?«, fragte Luise.

»Zwei«, antwortete Adolf Rubi, und sein jüngerer Bruder, ein drahtiger Mittdreißiger, fügte hinzu:

»Unten auf dem Friedhof in Grindelwald haben sie schon vier Grabstellen reserviert.«

»Eine Schande, dass wir Schweizer uns nicht auf die eigenen Berge trauen«, mischte sich der Korrespondent eines Züricher Boulevardblattes in schnippischem Ton ein.

»Wir haben für die Sicherheit auf unseren Bergen zu sorgen«, entgegnete Schlunegger, der dritte Bergführer, ruhig, »für Sensationen sind andere zuständig.« Schlunegger war ein stiller, friedfertiger Mensch mit weichen Gesichtszügen, aber kräftigen Muskeln.

18. Juli, 10 Uhr

Toni und Andreas folgten den Österreichern. Die Rucksäcke, die sie am Depot geschultert hatten, wogen etwa zwanzig Kilogramm, und daran mussten sie sich erst gewöhnen. Die Schritte wurden kürzer, prekär das Gleichgewicht, und jede Bewegung schien doppelt so viel Kraft zu kosten. Spätestens jetzt war die Anfangseuphorie verflogen. Nun begann die pure Schinderei. Sie kamen zur so genannten Nassen Biwakhöhle, und nach einem relativ mühelosen Quergang begann der Schwierige Riss. Das hieß: Klettern in der Vertikalen. Etwa 25 Meter ist diese Stelle hoch. Als Toni und Andreas den Fels nach der günstigsten Route absuchten, prasselten ihnen kleine Steine und Staub auf den Kopf: Angerer und Rainer. Sie mussten ein paar Seillängen über ihnen sein, Andreas und Toni hörten, wie sie die Haken in den Fels hinein und dann wieder herausklopften. Toni übernahm den Vorstieg. Er versuchte es zuerst mit Rucksack, kämpfte verbissen, wollte schon aufgeben und den Rucksack nachseilen, nahm sich dann noch ein paar Meter vor, und so ging es eine Stunde lang. Manchmal fanden Toni und Andreas die Spuren der Hammerschläge, einmal einen verbogenen Haken, der sich in den Fels gefressen hatte – unbrauchbar.

»Idiotisch, dass wir dieselbe Arbeit noch einmal machen«, sagte Toni, während er einen Haken in eine Ritze schlug, die auch von den Vorgängern benutzt worden war.

Andreas antwortete nicht. Er stieg Toni nach, stumm und konzentriert.

Die Kraft ließ nach, und sie mussten die Rucksäcke immer öfter am Seil nachziehen. Das war eine Art Kapitulation. Denn hatten sie die Österreicher mit ihrem bisherigen Tempo nicht eingeholt – nun würde der Abstand immer größer werden.

Die Sonne stand jetzt im Südosten, die Wand warf einen gewaltigen Schatten über die Scheidegg, die steigenden Temperaturen weckten Fels und Eis. Der Berg knackte und ächzte, immer häufiger kamen kleine Schnee- und Steinlawinen, und dann griffen die beiden nach den Rucksäcken, die sie schützend über die Köpfe hielten, oder sie pressten sich in eine Nische und hofften, dass ihre Kraft stärker war als die der Lawine.

Es war kurz vor elf Uhr. Andreas und Toni arbeiteten sich durch eine etwa zwanzig Meter lange Verschneidung, als ihnen auffiel, wie still es geworden war.

»Was machen die beiden denn?«, fragte Toni, als Andreas gerade aufschloss und Toni den Bund mit Mauerhaken übergab.

»Vielleicht Frühstückspause.«

»Hoffentlich ist nichts passiert.«

Eine halbe Stunde später hatten sie sie eingeholt. Die Österreicher wollten gerade einen sicheren Standplatz verlassen, um sich abzuseilen. Gaben sie auf? Wegen Angerers Verletzung?

»Was ist los?«, fragte Hinterstoisser.

»Da ist eine riesige Platte, kein Ritz, nicht einmal einen Haken kriegst du da unter.«

Es war die Platte, die Andreas und Toni bei der Rekognoszierung hatten in Augenschein nehmen wollen. Der Grund, warum Sedlmayr und Mehringer weiter links in die Wand eingestiegen waren. Hatten sie sich doch verspekuliert?

»Was schlagt ihr vor?«, fragte Toni.

»Weiter unten queren.«

Andreas schaute sich den Felsen an, dreißig, vierzig Meter war die Platte breit, aber dann kamen Nasen und Kanten, an denen man sicher Halt fand.

»Wir queren hier«, sagte er.

Die beiden Österreicher winkten ab.

»Du spinnst«, sagte Rainer.

»Weiter unten gibt es auch keine bessere Stelle«, sagte Andreas, »es ist nur verlorene Zeit, wieder abzusteigen.«

Er schnallte seinen Rucksack ab, nahm das längste Seil

und ein zweites Seil und begann, senkrecht die Wand hochzusteigen.

»Du sicherst?«, fragte er Toni.

Toni war klar, was Andreas vorhatte, dasselbe wie am Mühlsturzhorn. Allerdings waren es damals vielleicht zwanzig Meter gewesen, und selbst da war Andreas an die Grenzen seiner Möglichkeiten gestoßen. Jetzt mussten sie, um eine solche Strecke zu überwinden, die zwei längsten Seile aneinanderbinden. Sie hatten heute bereits Kraft gelassen, und außerdem sah ihnen die ganze Welt zu. Toni machte das nervös, manchmal schien es seine Kräfte zu lähmen. Nicht einmal Wasser hatte er abschlagen können, weil es ihm peinlich war, vor all den Zuschauern. Andreas hatte einen Sicherungshaken geschlagen und rief: »Zug!«

Toni hielt das Seil, schlug noch einen Haken, an den er sich mit einem kurzen Seil band, so dass er auch bei einem heftigen Ruck nicht aus der Wand stürzen würde, dann spannte er das Seil.

»Gib mal ein bisschen Leine!«

Toni ließ das Seil über seinen Rücken gleiten, und Andreas begann zu pendeln.

Die Österreicher waren stehen geblieben und schauten sprachlos zu, wie Andreas, siebenhundert Meter über der Kleinen Scheidegg, auf der Wand hin und her rannte. Das Seil war Andreas' einziger Halt, und es schwang so heftig hin und her, es rieb so heftig in der Öse des Karabinerhakens, dass der Hanf früher oder später reißen oder der Haken sich in der Schaukelbewegung aus dem Fels lösen musste.

»Ihr seid wahnsinnig«, schrie Rainer, und Angerer lachte mit einer unangenehm meckernden Stimme, wobei sein blutverkrusteter Turban zitterte. Andreas schwang immer weiter, bis er eine Felsnase zu fassen kriegte, er griff mit der linken Hand, seine Fingerkuppen krallten sich in den Stein – und rutschten ab. Er fiel in die Tiefe, doch er vermied einen heftigen Aufprall, indem er die Beine anwinkelte, die Füße gegen die Wand stemmte und den Schwung gleich zum nächsten Anlauf mitnahm.

Dafür hat Großvater das Seil sicher nicht gewunden, dachte Toni, hoffentlich hatte er die Litzen auf morsche Stellen untersucht. Wieder und wieder schwang das Seil hin und her, die Öse walkte den Hanf, machte ihn spröde, schnitt in die feinen Fasern.

Das Publikum auf der Kleinen Scheidegg schrie jedes Mal auf, wenn Andreas in die Tiefe stürzte. Schlunegger erklärte, es handle sich um einen »Fallenden Pendelquergang«, eine ganz gewöhnliche Felstechnik. »Man pendelt an einem langen Seil, führt ein zweites Seil mit, das man dann als Geländer querspannt und ermöglicht den Kameraden, das Material und sich selbst über die Platte zu transportieren.« Alle lauschten Schluneggers Ausführungen, ehe ein neuer Aufschrei Andreas' verzweifelten Versuch begleitete, sich endlich mit beiden Händen bis zur Felsnase zu ziehen. Wieder stürzte er ab.

Die Arbeit an der Stelle dauerte zwei Stunden. Nachdem Andreas einen Haken hatte schlagen können, hatte er das Quergangsseil provisorisch befestigt, dann mit weiteren Haken und Karabinern gesichert.

Toni folgte, die beiden Rucksäcke vor sich herschiebend, über das Geländerseil.

»Was ist mit euch?«, fragte Andreas. Seine Jacke war an den Ellbogen zerrissen, die Handkanten aufgeschürft. Rainer und Angerer schauten einander an. Was verlangte die Bergsteigerehre? Dass sie die Schwierigkeit aus eigener Kraft überwanden? Oder dass sie die Einladung annahmen?

Über die Aussichtsterrassen brandete eine Woge der Begeisterung. Fremde Menschen schüttelten einander die Hände, umarmten sich, schrien einander Sinnloses und Unverständliches ins Ohr. Luise hatte eine Gänsehaut. Sie lief auf der Wiese hin und her, knipste Bilder von der gaffenden Zuschauermenge, aber das konnte die Bedeutung des Augenblicks nicht wiedergeben. Manchmal kam es ihr absurd vor, dass die beiden da oben Andreas und Toni waren, mit denen sie früher Haselstecken geschnitten und in warmen Kuhfladen gestanden hatte. Sie fand Arau auf der Terrasse, kämpfte sich zu ihm vor und schüttelte ihn an den Schultern. Fast wäre auch sie ihm um den Hals gefallen.

»Haben Sie das gesehen?«, fragte sie.

»Welcher war es denn?«

»Der Hinterstoisser Andi.«

»Dann ist er jetzt berühmt. Hinterstoisser-Quergang. Das müssen wir nach Berlin kabeln.«

Er zeigte auf die Retina.

»Haben Sie ordentliche Bilder im Kasten?«

Luise schüttelte den Kopf.

»Aussichtslos, bei der Entfernung.«

Arau kniff die Lippen zusammen.

»Das ist ein Problem. Wir brauchen Bilder. Warum haben Sie es nicht von der Eigerwand-Station der Jungfraubahn aus probiert?«

Luise zuckte die Achseln.

»Kein Blickkontakt, Felsen versperren den Weg.«

»Haben die beiden Kameras dabei?«

Luise zuckte mit den Achseln.

»Was ich zu den Interviews gesagt habe, gilt natürlich auch für Bilder. Kaufen Sie ihnen den ganzen Film ab, bieten Sie ihnen zehn oder zwanzig Mark.«

Luise schluckte. Zwanzig Mark, das mochte sich nach einer beachtlichen Summe anhören, aber die Fotos waren ein Vielfaches wert. Und das würde sie Toni und Andreas auch sagen.

»Schauen Sie sich das an«, sagte Arau und gab Luise den Feldstecher. Sie sah, wie Angerer und Rainer sich langsam an dem Geländerseil entlang hangelten, das Andreas gespannt hatte.

»Ich dachte, die sind Konkurrenten«, sagte Arau.

»Ab jetzt wohl nicht mehr.«

In Araus Augenwinkeln blitzte es auf.

»Das ist sehr gut, sehr gut. Damit ist der Freundschaftsvertrag zwischen Deutschland und Österreich besiegelt.«

»Was für ein Freundschaftsvertrag?«

»Vor einer Woche haben Deutschland und Österreich doch einen Vertrag geschlossen, der Reichspropagandaminister hat ihn selbst im Radio verlesen. Überlegen Sie mal, was für ein Symbolgehalt! Die schwierigste Stelle der unbezwingbaren Wand war nur mit vereinten Kräften zu meistern.«

»Angerer und Rainer haben doch gar nicht mitgeholfen. Außerdem weiß ich nicht, was der Freundschaftsvertrag mit Bergsteigen zu tun hat.«

»Stellen Sie sich nicht dümmer, als Sie sind. Unser Auftrag beschränkt sich doch nicht aufs Bergsteigen.«

Andreas und Toni klopften einander auf die Schulter. Dann warteten sie, bis die Österreicher aufgeschlossen hatten.

»Und, sind wir jetzt eine Seilschaft?«, fragte Angerer.

»Besser, wir bleiben getrennt, zwei Zweier-Seilschaften sind schneller«, sagte Andreas, aber Toni schwieg. Theoretisch stimmte das, theoretisch war eine Zweier-Seilschaft schneller, weil man nicht bei jeder Seillänge warten musste, bis alle drei nachgestiegen waren. Aber das doppelte Hakenschlagen war Zeit- und Energieverschwendung. Außerdem hatten sie bei dem Quergang mehrere Haken und Karabiner eingebüßt. Es war fraglich, ob ihr Material bis zum Gipfel reichen würde.

An Rainers Gürtel hingen noch mehrere Dutzend Mauerhaken und Karabiner. Die Eishaken hatten die Österreicher noch gar nicht angerührt. Und auch das Biwakieren konnte zu viert angenehmer sein, wenn man sich aneinander wärmte.

»Warum habt ihr uns dann rübergelassen?«

»Damit es nicht langweilig wird«, sagte Andreas und begann, an dem Geländerseil zu ziehen.

»Wart mal«, sagte Toni.

Die anderen schauten ihn an.

»Sollten wir das Seil nicht hängen lassen?«

»Wozu? Das brauchen wir doch noch.«

»Und wenn wir einen Rückzug machen müssen?«

Die vier schwiegen einen Moment. Der Wind schlug das Seil sanft gegen den Felsen. Wenn sie es zurückließen, würde es sich voll Wasser saugen und gefrieren.

»Jetzt übertreib es nicht mit deiner Vorsicht«, sagte Andreas.

Toni nickte. Ein Quergangsseil wird laut Lehrbuch nach Vollendung des Quergangs eingezogen, aufgewickelt und mitgenommen. Warum sollten sie es hier anders machen? Und wenn sie zum Rückzug gezwungen sein sollten, dann würden sie wohl eher auf den Ostgrat steigen und auf dem leichteren Hang Richtung Tal marschieren. Wieso sollten sie eine derart schwierige Route wählen? Das grenzte an Selbstmord.

18. Juli, 13.30 Uhr

Der Quergang hatte für eine neue Hierarchie in der Wand gesorgt: Die Österreicher stellten sich hinten an, Andreas und Toni kletterten wieder voraus. Sie genossen ihren Erfolg mit einem stummen Grinsen und waren jetzt endgültig sicher, dass ihnen der Gipfel nicht zu nehmen war. Nicht mit einem Seilpartner wie Andreas. »Generalprobe misslungen«, auch darin hatte sein Freund recht behalten. Sie kletterten durch einen senkrechten Riss in das »Schwalbennest«, eine geschützte Stelle im Fels mit sicherem Stand. Angerer und Rainer warteten, bis die Deutschen in einem kurzen Quergang waren und sie nicht mehr durch losgetretene Steine gefährden konnten, dann kletterten sie hinterher.

Dann kam das erste echte Eisfeld. 55 Grad Neigung, eine gewaltige Fläche. Von unten hatten Toni und Andreas das Feld auf etwa vier Seillängen geschätzt, in Wahrheit waren es zehn oder fünfzehn. Spätestens jetzt wurde klar, dass die Nordwand eher eine Eis- als eine Felswand war, auch im Juli. Mit Steigeisen, deren Frontzacken einen sicheren Halt bieten, hätte man viele Stunden sparen können. Andreas und Toni hackten verbissen ihre Stufen, während die Österreicher ihnen in gebührendem (und kraftsparendem) Abstand folgten.

So hart die Arbeit war – Toni und Andreas waren guter Dinge. Auch wenn sie keinen Höhenmesser dabei hatten, so wussten sie doch genau, wo dieses Eisfeld lag. Es war früher Nachmittag, noch immer waren sie ihrem Zeitplan voraus. Gegen Abend würden sie, bei sinkenden Temperaturen, das zweite Eisfeld überwinden, das in der Kälte stabil und sicher war.

Als es zu dämmern begann und die beiden Deutschen

das Ende des Eisfeldes schon vor Augen hatten, hielten sie kurz inne.

Stille. Von den Österreichern kam kein Laut. Die Sonne hatte die Kanten der Nordwand gestreift, hatte einen rötlichen Rahmen in die Felszacken gezeichnet und war jetzt verschwunden.

»Wo sind die zwei?«, fragte Toni.

Sie schauten hinunter. Angerer und Rainer waren drei, vier Seillängen entfernt. Rainer ging voraus, schlug Eishaken zur Sicherung, aber obwohl sie bereits bequeme Stufen vorfanden, kamen sie nur schleppend voran.

»Angerer scheint Schwierigkeiten zu haben«, meinte Andreas.

»Wenn du mich sicherst, steige ich ein Stück ab und lasse ihnen ein Seil runter.«

Andreas machte eine heftige Geste.

»Wir haben ihnen genug Arbeit abgenommen. Wenn sie von unserer Plackerei profitieren – meinetwegen, aber wir können nicht auch noch ihre Last tragen. Zwei Seilschaften, hatten wir gesagt.«

»Wenn ein Kamerad Hilfe braucht, dann bekommt er sie.«

»Von einem sicheren Standplatz aus. Aber ich fange nicht mitten im Eisfeld, kurz vor Einbruch der Dunkelheit an, dich abzuseilen.«

Andreas hatte recht. Sie kämpften sich weiter, und als sie die Kluft erreicht hatten, die sich zwischen Fels und Eiskante gebildet hatte, schien der Abstand zu den Österreichern nicht größer geworden zu sein.

»Na bitte, die haben sich einfach Zeit gelassen«, sagte Andreas, »damit wir ihnen nicht den Vortritt lassen und sie die Stufen schlagen müssen.«

Die Kluft war eine breite, horizontale Rinne am oberen

Ende des Eisfeldes, eine Rinne, in der sich Geröll und Schmelzwasser sammelten und jetzt, nach Sinken der Sonne zu einer kompakten Masse gefroren. Ein absturzsicherer Biwakplatz. Andreas und Toni suchten einen kleinen Überhang, unter dem sie vor Steinschlag sicher waren, schnallten die Rucksäcke ab und sicherten sie mit Eishaken, dann hackten sie die spitzesten Steine aus dem Eis, bis sie eine relativ glatte Sitzfläche hatten.

»Ich gehe ihnen mit einem Seil entgegen«, sagte Toni. Die Österreicher waren etwa vierzig Meter entfernt. Er seilte sich an und schrie:

»Wollt ihr ein Seil?«

Rainer winkte heftig. Toni querte in der Kluft, bis er genau über den Österreichern war, dann ließ er das Seil hinunter. Es glitt, munter springend, über die Eisfläche, und Rainer angelte es sich mit seinem Eispickel. Dann stiegen die zwei Österreicher, ohne die zeitraubende Arbeit des Hakenschlagens, Richtung Biwakstelle.

18. Juli, Abend

Unter Bergsteigern herrscht Einigkeit darüber, dass Biwaknächte zu den schönsten und erhabensten Momenten beim Klettern gehören. Eine Tasse heißen Tees und trockene Kleidung zum Wechseln verbreiten in dem Schwebezustand am Berg ein Gefühl von Behaglichkeit, das man sich »auf der Erde« nicht vorstellen kann. Die unvergleichliche Stille, die Lichter im Tal, die reine Luft und die bleierne Müdigkeit, der man endlich nachgeben kann …

Nun gibt es sehr verschiedene Formen des Biwakierens: im Zelt auf Gras, in einem Felsennest, einer natürlichen Höhlung also, in der man auf dem nackten Fels campiert, oder – im unangenehmsten Fall – mitten in der Wand, auf einem winzigen Felsband oder in Seilschlingen sitzend, festgezurrt an Sicherungsleinen, wobei einem Arme und Beine einschlafen, die Gesäßmuskulatur taub wird, der Unterleib und schließlich der ganze Körper auskühlt. Findet man eine Stelle, die vor Niederschlägen, Rinnsalen und Steinschlag sicher ist, so hat man in der Eigernordwand schon den äußersten Komfort, kann man tatsächlich einschlafen (ohne zu erfrieren), ist die Nacht ein weiterer Schritt Richtung Gipfel.

Die vier Kletterer hatten einen Kompromiss gefunden. Die Kuhle am oberen Rand des Eisfeldes war zwar kalt und feucht, aber relativ bequem, sie schlüpften in ihre Biwaksäcke, schlugen noch ein paar Sicherungshaken und seilten sich an. Die Österreicher hatten Unterwäsche zum Wechseln und lange Wollunterhosen dabei, die sie zur Nacht unterzogen, Toni und Andreas begnügten sich mit einem zweiten Pullover, Mütze und Wollhandschuhen. Der Schweiß auf ihrer Haut war im zweiten Eisfeld abgetrocknet, und im wasserdichten Biwaksack würde ihnen schnell warm werden.

Es ging eine leichte Brise, kühl, aber nicht schneidend, der Mond erleuchtete Fischwölkchen, ein Zeichen für stabile Wetterlage. Die beiden Österreicher schienen für sich sein zu wollen, denn sie warfen ihren eigenen Kocher an, als Andreas bereits Teewasser aufgesetzt hatte.

Toni legte seinen Kopf auf den Rucksack und schaute in den Himmel, wo die ersten Sterne aufblinkten. Er umschloss die heiße Blechtasse und spürte, wie die Wärme durch die Wolle in seine Finger drang und als er trank, die Flüssigkeit fast schmerzend seine Kehle hinabrann. Er schaute Andreas an, der erwiderte seinen Blick, ohne eine Miene zu verziehen, dann stießen sie mit den Bechern an.

»Die Hälfte haben wir schon«, sagte Toni.

»Wenn alles glatt geht, sind wir morgen oben«, antwortete Andreas, der ein paar Scheiben Brot aufschnitt und mit Speckstreifen belegte.

Es war ihnen den ganzen Tag kein Missgeschick passiert. Keine Verletzung, nicht einmal eine kleine Blessur, keine Materialverluste. Nur an der Quergangsstelle waren ein paar Haken und Karabiner geblieben. Trotz der enormen Anstrengung hatten sie nie die Konzentration aufgegeben. Und beide hatten sie einen Bärenhunger: Toni musste sich zwingen, die Brote nicht unzerkaut hinunterzuschlingen. Auch das war ein gutes Zeichen: Sie hatten sich nicht verausgabt, ihre Körper funktionierten normal.

Edi Rainer hatte ebenfalls Tee gekocht und betrachtete seinen Kameraden, der apathisch ins Tal schaute. Zwar war kein frisches Blut durch Angerers Kopfverband gedrungen, aber im fahlen Mondlicht sah sein Gesicht gespenstisch aus.

»Du gefällst mir überhaupt nicht«, sagte Edi Rainer.

»Ist ja kein Schönheitswettbewerb.«

Angerer zitterte, er hatte Mühe, die Tasse an die Lippen zu führen. Doch er sagte: »Nicht mehr lang, und wir sitzen wir da unten in einer heißen Badewanne, und die Mädels schrubben uns den Rücken.«

»Morgen musst du aber wieder einen Teil des Materials tragen. Das Nachseilen des Rucksacks dauert viel zu lange und kostet unnötig Kraft, weil der Rucksack sich ständig verhakt und ich dann wieder zurücksteigen muss.«

»Lass mich nur ein bisschen schlafen, morgen bin ich wieder ganz der Alte.«

Die Terrassen auf der Scheidegg hatten sich bei Einbruch der Nacht geleert. Der Hoteldirektor des Bellevue, der seine ganze Erfindungsgabe einsetzte, um der Krise des

Tourismus zu trotzen (der österreichische und Schweizer Alpentourismus waren nicht nur durch die Wirtschaftskrise, sondern auch durch die Reisebeschränkungen für Deutsche und das Angebot der »Kraft durch Freude«-Programme betroffen), wollte die Gunst der Stunde nutzen. Hatte es lange Zeit als Tabu gegolten, mit dem makabren Reiz der Nordwand zu werben, so war jetzt der Bann gebrochen.

Die Menükarten, die in Foyer und Speisesaal hingen, wurden für den Abend kurzerhand durch die Ankündigung eines Gala-Diners ersetzt (für Gäste mit Halb- und Vollpension ohne Aufschlag, kurzfristige Reservierungen an der Rezeption). Zum Abschluss des Essens, das von als Bergsteiger verkleideten Pagen aufgetragen worden war, hielt der Besitzer eine kleine Rede:

»Verehrte Herrschaften, um unser Diner abzurunden, hat unser Hauskonditor sich etwas ganz Besonderes ausgedacht.«

Das Licht ging aus, eine von Wunderkerzen illuminierte Torte wurde hereingetragen.

»Morgen wird der Eiger bezwungen, aber Sie können sich schon jetzt eine Scheibe davon abschneiden.«

Als das Licht anging, war zu erkennen, dass die Torte die Form des Eigers hatte. Mit Zuckerguss und Lebensmittelfarbe hatte man Fels und Eiswände geschaffen. Sogar vier Bergsteiger, aus Marzipan gegossen, hingen in der Tortenwand. Gelächter und Applaus waren die Reaktion.

Arau und Luise saßen wie gewohnt mit den Landauers am Tisch, die Stimmung war ausgelassen.

Die Kellner fuhren mit dem Servierwagen vor, schnitten jedem ein Stück ab, und Elisabeth Landauer sagte:

»Wären Sie so nett, mir einen von diesen süßen Burschen zu geben?«

Der Kellner schaute irritiert, pflückte ihr dann aber eine der Figuren ab und legte sie auf ihren Teller. Der Bergsteiger trug eine deutsche Fahne.

»Sie haben falsch geflaggt«, sagte Arau. »Schwarz-Rot-Gold, das war einmal. Unsere Reichsfahne sieht anders aus.«

»Schatz, lass dir einen Österreicher geben, dann ist das Problem gelöst«, sagte Landauer.

»Ich dachte, Sie trauen Angerer und Rainer nicht über den Weg? Aber glauben Sie mir, die Differenzen zwischen dem Deutschen Reich und Österreich sind bald ausgeräumt«, sagte Arau.

»Sie meinen, es gibt bald keinen Unterschied mehr zwischen dem Deutschen Reich und Österreich?«, erwiderte Landauer kühl.

»Sie wollen mich partout falsch verstehen. Selbst die ›Neue Freie Presse‹ schreibt, die Paragraphen des Vertrages sind ein Triumph Ihrer Wiener Diplomatie.«

»Wissen Sie, wenn Ihr Führer sagt, er erkenne die Souveränität Österreichs an, dann bekomme ich Gänsehaut. Haben Sie ›Mein Kampf‹ gelesen?«

»Selbstverständlich.«

»Dann wissen Sie, dass Hitler Österreich für einen natürlichen Teil des Deutsches Reiches hält. Was in jenem Freundschaftsabkommen festgeschrieben wurde, ist kein Zeichen der Freundschaft, es ist eine der vielen Maskeraden Hitlers.«

»Warum sollte Hitler sich von den Wiener Diplomaten eine Maske aufzwingen lassen?«

Luise war nicht wohl in ihrer Haut, und sie verstand nicht recht, warum die beiden sich über eine solche Lappalie stritten.

»Sehr geehrter Herr Arau«, beschwichtigte Landauer

schließlich, »ich hoffe, wir werden hier in einigen Jahren wieder zusammensitzen und uns gemeinsam an unser heutiges Gespräch erinnern. Sie als Deutscher, ich als Österreicher. Darauf trinken wir!«

Landauer erhob sein Glas, und alle stießen mit ihm an, auch seine Frau, die den Marzipanbergsteiger aus dem Mund nahm, an dem sie versonnen gelutscht hatte. Dann bot er Arau eine seiner dicken Zigarren an, die von einer kleinen Tabakplantage stammten, die er in Südamerika entdeckt hatte und zusammen mit den Kakaobohnen verschiffen ließ. Arau, den diese genauen Ausführungen über Landauers »Hausmarke« enervierten, lehnte jovial ab und steckte sich stattdessen seine eigene Hausmarke an.

»Aus gutem Grund ist Juno rund«, zitierte Landauer den Werbespruch, und Arau lächelte verkrampft. Bessere Zigarren konnte Arau sich von seinem Redakteursgehalt nicht leisten. Und selbst die Juno musste er noch heimlich rauchen, weil es sonst Streit um die Haushaltskasse gab.

Als Luise später mit Arau tanzte, ein wenig beschwipst von Perlwein und Kirschwasser, dachte sie an Toni und Andreas, die in der trockenen, milden Julinacht jetzt tief und fest schliefen. Wie gerne wäre sie bei ihnen gewesen! Aber hier zu sein, nur wenige Hundert Meter entfernt, das war schon viel. Sie lächelte, schloss die Augen und ließ sich von der Musik und Araus Bewegungen forttragen.

»Sie denken an Ihre beiden Helden, oder?«

»Wie kommen Sie darauf?«

»Sicher geraten Sie nicht meinetwegen so ins Träumen.«

Sie lachte, und gleichzeitig wurde sie rot.

»Haben Sie die Filme versorgt?«

Sie nickte.

»So mag ich das. Sie lassen sich nicht gehen. Dabei sein,

wenn Geschichte geschrieben wird – da kribbelt es bei Ihnen doch auch, oder?«

Sie schaute ihn verblüfft an. Darüber hatte sie noch nicht nachgedacht. Sie war der Überzeugung gewesen, sie freue sich einfach für Toni und Andreas.

»Vielleicht kennen Sie mich ja besser, als ich mich selber kenne.«

»Gut möglich«, antwortete Arau und öffnete den Arm, um sie ein Damensolo tanzen zu lassen. Ganz wie von selbst drehte sie sich um die eigene Achse. Als sie wieder an seiner Brust war, fragte sie:

»Und wie gut kennen Sie sich selbst?«

»Was meinen Sie damit?«, fragte er, und eine geheime Hoffnung flammte sofort wieder auf, trotz aller guten Vorsätze.

»Wieso können Sie so gut Swing tanzen? Ich dachte, diese Negermusik wäre in Ihren Kreisen verpönt.«

»Welches sind denn meine Kreise?«

»Eben, je länger ich in Ihrer Nähe bin, desto weniger habe ich das Gefühl, Sie zu kennen.«

Das selbstgefällige Grinsen, das er aufsetzte, ging Luise auf die Nerven.

»Das war nicht als Kompliment gemeint«, sagte sie.

»In der heutigen Zeit ist es das aber.«

Sie wartete das Ende des Walzers ab und verabschiedete sich von Arau und Landauers. Sie hatte plötzlich das Bedürfnis, allein zu sein, auf der Terrasse, mit Blick auf die finstere Wand. Sie suchte nach der Stelle, wo das Biwak sein musste. Vielleicht brannte da irgendwo noch ein Kocher oder eine Laterne.

Nichts.

Was hatte Arau mit seiner letzten Bemerkung gemeint?

Toni erwachte um sechs Uhr, später als geplant. Er fühlte sich ausgeruht und munter, auch wenn es ihn in den Muskeln zwickte. Sie steckten in einer Wolke, die ein milchiges Licht verbreitete, aber es sah nicht nach Regen aus. Der Biwaksack war mit Raureif überzogen, und Toni fröstelte ein wenig. Manchmal polterte ein Stein die Wand hinunter. Andreas schlief noch, sein Atem dampfte in der eisigen Morgenluft. Toni lockerte die Sicherung, schlüpfte aus dem Sack, ging, so weit das Seil reichte, und pinkelte, mit schlotternden Knien, in das Eisfeld. Der Urin sprang dampfend von der steilen Fläche und fiel in die Tiefe. Vielleicht schon heute Abend, dachte er, vielleicht sind wir heute schon oben.

Toni machte Frühstück und weckte die anderen. Er wollte so schnell wie möglich los, die Kälte aus den Knochen vertreiben.

»Aufwachen, ihr Schlappschwänze!«, schrie Toni. Andreas und Edi Rainer hoben die Köpfe. Angerer lag zitternd in seinem Biwaksack, die Augenlider nur halb geschlossen.

»Was ist mit ihm?«, fragte Toni.

»Geht schon«, antwortete Rainer.

Sie frühstückten eine volle Ration, mit gesüßtem Kaffee, Tee, Brot und Speck. Angerer war schweigsam, und die anderen beobachteten ihn unauffällig. Rainer löste vorsichtig Angerers Mütze aus dem verkrusteten Blut, dann wickelte er den Verband auf und warf ihn die Wand hinunter.

»Himmel, Willy, das geht nicht. Wir müssen absteigen«, sagte Rainer.

»Ich habe gut geschlafen, habe gegessen, ich bin wieder bei Kräften.«

»Die Wunde muss sich ein Arzt ansehen.«

»Das kann er auch heute Abend noch.«

»Du hast viel Blut verloren, du schaffst es heute nicht bis hoch.«

Plötzlich sprang Angerer auf, packte seinen Kameraden am Revers und zog ihn auf die Füße.

»Ich schaffe das, hast du verstanden? Hast du Angst, du musst meinen Rucksack schleppen? Das schaffe ich schon allein.«

»Spinnst du?«

Die beiden zerrten aneinander, Toni und Andreas sprangen ebenfalls auf. Wie war Angerer so schnell aus dem Biwaksack gekommen? War er nicht einmal angeseilt?

»Ich geh da rauf, Edi, hast du mich verstanden?«, schrie Angerer.

»Wir können es in einer Woche noch einmal probieren.«

»Heute, nicht in einer Woche, mit dir oder ohne dich.«

Die beiden schwankten, die Mauerhaken an den Gürteln klingelten.

»Hört auf. Wenn es nicht mehr geht …«, rief Toni.

»Natürlich geht es«, brüllte Angerer, faltete hastig seinen Biwaksack zusammen und stopfte ihn in den Rucksack. Dann schulterte er sein Gepäck.

»Wir haben schon über die Hälfte. Runter ist jetzt schwieriger als rauf«, sagte er und schaute alle herausfordernd an.

»Wahrscheinlich hat er recht«, sagte Andreas.

»Unter einer Bedingung. Wir bilden eine Seilschaft. Willy und der Mann im Vorstieg tragen möglichst wenig Ballast.«

»Ich kann genau so viel tragen wie die anderen«, sagte Angerer.

»Wir machen, was ich sage, oder wir kehren um«, sagte Toni ganz ruhig.

Die beiden Österreicher schauten verblüfft. »Bist du jetzt hier der Seilchef?«, fragte Rainer.

»Ja«, sagte Toni, dann nahm er sich Angerers Rucksack vor und schichtete einen Teil des Materials in seinen eigenen um. Die beiden Österreicher schauten stumm zu.

»Ich denke, der Mann im Vorstieg soll nicht zu viel Gewicht schleppen«, sagte Andreas.

»Stimmt: Du steigst vor«, antwortete Toni.

Andreas nickte, noch erstaunter.

Toni sprach kein Wort mehr. In seinem Kopf arbeitete es fieberhaft. Angerers Verletzung warf alle Planungen über den Haufen. Wie viel Tempo würden sie einbüßen? Zwanzig Prozent? Dreißig? Dann stand ihnen eine weitere Biwaknacht bevor.

Oberhalb des Zweiten Schneefeldes mussten sie die Wand queren. Sie waren rechts unten in die Nordwand eingestiegen, aber alle vier waren sie sich einig, dass der Ausstieg links oben erfolgen musste, wo eine Verschneidung bis fast an die Gipfelkante zu führen schien. In die Richtung hatten sich auch Mehringer und Sedlmayr orientiert.

Toni merkte bald, dass seine Schätzung zu optimistisch gewesen war: Zu viert brauchten sie fast doppelt so lange. Andreas stieg vor, trieb die Haken in den Fels, hängte Karabiner in die Ösen, fädelte das Seil ein, während Toni sicherte, bis Andreas einen Standplatz erreicht hatte, dann stieg er ihm nach, wobei er an leichteren Stellen auch noch Angerers Rucksack trug. Wenn Toni zu Andreas aufgeschlossen hatte, kam Angerer nach, als Letzter Edi Rainer, der die Haken aus dem Fels schlug und sie wieder an Andreas durchreichte. Angerer bewegte sich vorsichtig und konzentriert, aber sehr zögerlich. Zu Streit war es den ganzen Vormittag nicht mehr gekommen, aber gegen Mittag war Willys frischer Kopfverband wieder blutgetränkt.

Das Hotel erwachte in Katerstimmung. Auch Luise hatte Kopfschmerzen, und als sie an die Burschen in der Wand dachte, die wohl seit Stunden wieder unterwegs waren, bekam sie ein schlechtes Gewissen. Der Speisesaal lag in einem trüben Licht und war fast verlassen. Die Pagen hatten in der Nacht alle Spuren des Festessens beseitigt, der Fußboden glänzte feucht, an den Panoramascheiben waberte Nebel entlang. Luise trat hinaus auf die Terrasse und fand Arau, an einem der größten Teleskope.

»Man sieht nicht viel«, sagte dieser.

Er überließ Luise das Fernrohr, und sie erkannte im Dunst einige schwarze Punkte, die sich nicht zu bewegen schienen.

»Ich bewundere Ihr Arbeitsethos«, sagte Luise.

»Das ist keine Frage der Moral, sondern des Alters, früher brauchte ich auch mehr Schlaf.«

Sie frühstückten zusammen und beobachteten dann, während die Sonne herauskam und die Terrasse sich wieder mit Schaulustigen füllte, den Aufstieg der vier Kletterer. Auf der Kleinen Scheidegg hatte der Nebel sich gelichtet, aber oben in der Wand waberten Dunstschleier, die sich immer wieder wie ein Vorhang über das Geschehen legten. Trotzdem wurde deutlich, dass die Schwierigkeiten der Kletterer in der Wand immer größer wurden. Oft stand die Seilschaft ein, zwei Stunden an derselben Stelle.

»Die Felsen sind glatt«, sagte Luise.

»Ich glaube, einer hat Probleme«, erwiderte Arau.

»Wer?«, fragte Luise. Sie starrten durch das Teleskop, aber auf diese Entfernung waren die vier nicht voneinander zu unterscheiden.

Am frühen Nachmittag zog wieder Nebel aus dem Tal und hüllte das Plateau mit dem Hotel ein. Arau wurde immer nervöser. Er stieß das Teleskop weg und sagte:

»Es macht mich ganz krank, dass wir nicht wissen, was da oben vorgeht. Das nächste Mal sagen Sie Ihren Freunden, sie sollen wenigstens bunte Hüte tragen, damit man sie auseinanderhalten kann. Wir können doch keine Mutmaßungen nach Berlin melden. Und fotografieren können Sie auch nicht.«

Er stand auf und ging über die Wiese auf die zwei Zelte zu, die einsam im Nebel standen. Die Fahrräder lagen im nassen Gras, von Wassertropfen überzogen.

Arau knöpfte die Zeltbahn auf.

»Was machen Sie denn?«, fragte Luise.

»Recherchieren. Die haben Notizen gemacht bei ihren Erkundungen, vielleicht gibt es auch Fotos.«

In dem Zelt lagen zwei Decken, Essgeschirr, Werkzeug und Kerzen. Als Arau sich an einem Rucksack zu schaffen machte, sagte Luise:

»Dazu haben wir kein Recht.«

»Jetzt hören Sie schon auf. Sie sind mit einem der beiden intim.«

»Das ist nicht wahr.«

»Nein?«

Araus Blick gefiel Luise nicht. Der feuchte Muff in dem Zelt nahm ihr plötzlich den Atem.

»Wir können nicht nur im Hotel sitzen und warten«, meinte Arau.

»Sie haben selbst gesagt, dass Geduld zu den wichtigsten Tugenden des Reporters gehört.«

»Ja, *bevor* eine Geschichte anfängt. Vielleicht haben sie ihre Kamera auch hier gelassen, wegen des Gewichtes. Aber dann gibt es Fotos von der Rekognoszierung.«

»Sie wollen doch wohl nicht einfach den Film klauen?«

»Wissen Sie, dass das eigentlich Ihre Aufgabe wäre? Sie hätten wenigstens ein paar Stunden mit hoch in die Wand gekonnt. Bisher haben Sie mir kein sehr überzeugendes Material geliefert.«

Als er im Innern des Rucksacks herumwühlen wollte, fiel Luise ihm in den Arm.

»Lassen Sie das!«, schrie sie.

Arau schaute verdattert. Der Schrei hatte über die ganze Scheidegg gehallt. Arau gab auf und sprach kein Wort mehr.

19. Juli, gegen Mittag

Toni ging voraus durch ein kleines Schneefeld, das zwischen zwei fast senkrechten Felskanten lag. Immer wieder stellten sich den Kletterern plötzlich diese Schneefelder entgegen, die zwischen einem Felsvorsprung und dem nächsten klebten. Der Nebel war inzwischen so dicht, dass man nicht weiter als eine Seillänge sehen konnte, eine Route ließ sich so nicht vorausplanen. Sie wussten auch nicht, ob sie überhaupt auf der ursprünglich geplanten Route waren. Immer wieder sprangen plötzlich riesige Felsen aus der Wand hervor, oder Eisfelder, die sie von unten nicht gesehen hatten. Oft mussten sie umkehren, um Alternativrouten zu suchen. Obwohl es nicht regnete, waren alle vier durchweicht, der Fels glitschig und kalt. Der Nebel legte sich als feine Gischt auf die Gesichter und Kleider, tropfte von den Nasenspitzen, lief ins Genick. Die Felsen nahmen bizarre Formen an, erinnerten mal an ein zerfetztes Segel, an Kinderhände, Adlerschnäbel oder finstere Gewitterwolken, und die Stimmung wurde immer schlechter.

Toni marschierte gleichmäßig und stur. Das kleine Schneefeld war zwar steil, aber im Firn hatte er einen sicheren Halt, und sie gingen zu viert an einem Seil, sich seitlich mit dem Eispickel sichernd. Plötzlich hörte man einen Schrei, dann das Rutschen eines Körpers.

Alle schlugen instinktiv die Pickel ins Eis, klammerten sich fest und hielten das Seil. Toni sah Andreas hinter sich, den der Ruck fast umgerissen hätte. Angerer war abgestürzt.

»Warum hast du uns nicht gewarnt, Edi?«, schrie Toni.

»Ich habe es nicht mitgekriegt.«

»Willy war direkt vor dir«, schrie Andreas.

Mit vereinten Kräften zogen sie Angerer auf einen Standplatz und überprüften seinen Zustand: Er hatte sich nur ein Hosenbein aufgerissen.

Sie stiegen weiter, aber der Zwischenfall verstörte Toni und Andreas. Angerers Bewegungen wirkten verzögert, und offenbar war auch Rainer so erschöpft, dass seine Reflexe erlahmten. Plötzlich tauchte vor Toni ein Fels auf, der mitten im Schnee zu stecken schien. Fast so groß wie ein Mensch, den Kopf voller Eiszapfen, auf den Schultern Neuschnee. Als Toni herankam und aus dem Firn ein Seilende und einen abgebrochenen Pickel ragen sah, wusste er, dass es tatsächlich ein Mensch war, der hart wie Fels gefroren war. Eine merkwürdige Ruhe ging von diesem Anblick aus.

»Das muss einer von den Münchnern sein«, sagte Andreas. »Ist es Mehringer oder Sedlmayr?«

Toni zuckte mit den Achseln. Er hatte die beiden nur aus der Zeitung gekannt. Wie war es möglich, dass er im Stehen festgefroren war? Unter der gläsernen Eisschicht erkannte man seine Augen, ein entspanntes Gesicht. Hatte er im Stehen darauf gewartet, dass er starb? Oder war er gar im Gehen erfroren? Gab es so etwas?

»Sieh mal hier!«

Andreas hatte den Zweiten gefunden. Er lag in seinem Biwaksack, zugeweht bis auf die Nasenspitze.

Zu viert schufteten sie eine Stunde lang. Die unteren Eisschichten waren kompakt, und die Leichen mussten zentimeterweise freigehackt werden.

Angerer saß daneben und schüttelte den Kopf.

»Was soll das für einen Sinn haben?«, fragte er. »Wir hätten sie in Frieden lassen sollen.«

»Wir lassen keinen Kameraden in der Wand«, antwortete Toni.

»Willst du sie vielleicht mitnehmen?«, fragte Angerer bissig.

Sie legten auch das Material frei, fanden Mauerhaken und Karabiner. Den Proviant schienen die Münchner dagegen aufgebraucht zu haben. Sie wickelten die Leichen in ihre Biwaksäcke, verschlossen diese mit den Seilresten und legten sie auf das Schneefeld.

»Wir müssten sie abseilen«, sagte Rainer. Aber alle wussten, dass es unmöglich war.

Sie standen mit hängenden Köpfen, nahmen ihre Hüte ab, und Toni sprach ein Gebet. »Aus dem Staub bist du geboren, zum Staub kehrst du zurück. Herr, nimm diese deine Söhne bei dir auf. Es waren vorbildliche Bergsteiger, vielleicht die besten.« Toni hielt inne, alle bekreuzigten sich und murmelten: »Amen.«

Toni gab den Leichen einen Stoß mit dem Stiel des Pickels. Sie nahmen Fahrt auf, verschwanden lautlos im Nebel und fielen in die Tiefe. Man hörte keinen Aufprall.

»Wenigstens wissen wir jetzt, dass wir richtig sind«, sagte Toni, und der Trupp setzte sich langsam wieder in Marsch. Keiner sprach ein Wort. So friedlich und zufrieden die Gesichter der beiden Toten gewirkt hatten – jeder dachte an die Beulen auf den Wangen, die von Frost schwarzen Finger in den Handschuhen. Sie kamen an das Ende des kleinen Schneefeldes, und nun musste wieder im

Fels geklettert werden. Andreas' Terrain. Toni nahm ihm den Rucksack ab und hängte ihm dafür ein paar Mauerhaken an den Gürtel. Der Fels war fast lotrecht, bestand aber aus senkrechten Wülsten, zwischen die man Haken treiben konnte. Aber die Nebelnässe war überfroren, es gab kaum Halt.

»Der Frost wird den Nebel bald vertreiben«, sagte Toni, »dann sehen wir endlich, wie hoch wir sind, und können uns eine gute Route suchen.«

Andreas setzte seinen Stiefel auf einen Tritt, zog sich an den Händen in die Wand, aber mit den Wollhandschuhen rutschte er ab. Also zog er die Handschuhe aus und stopfte sie in die Jackentaschen. Er hauchte die Finger an, rieb sie eine Weile aneinander, dann griff er in den Stein. Alle drei schauten gebannt zu. Trotz der Eisschicht hatte Andreas sich irgendwie festgesogen.

»Schlag Haken, wann immer du kannst, nicht erst im Notfall, du musst Kraft sparen«, sagte Toni. Andreas kletterte gut zwei Meter, dann setzte er einen Haken, noch mal zwei Meter, wieder ein Haken. Seine Bewegungen wurden langsamer, »Zug«, schrie er und lehnte sich nach hinten ins Seil, um seine Finger aufzuwärmen. Er klatschte in die Hände, steckte sie sich zwischen die Beine, unter den Pullover, aber als er den Fels wieder anfasste, stach dieser wie Nägel in seine Fingerspitzen. Andreas biss die Zähne zusammen, schlug Haken, arbeitete sich vor. Toni und die anderen schauten zu, traten auf der Stelle, um die klamme Kälte zu vertreiben. Aber es war unmöglich. Sie zitterten immer heftiger.

»Sobald du einen sicheren Stand hast, kommen wir nach«, rief Toni, »wir verlieren dich sonst aus den Augen.«

»Hier ist kein Stand«, rief Andreas nach unten. Man konnte seine Beine im Nebel nur noch erahnen, dann war er verschwunden. Andreas hatte das Seil am Rücken und wagte kaum mehr, Leine zu geben. Der Hanf hatte sich voll Wasser gesogen, und in Kürze würde er steif werden. Als Andreas die Haken ausgingen, ließ er eine Reepschnur herunter, und Rainer hängte den Rest der Haken daran. Man hörte nur das Klopfen des Hammers, dann lange Stille, ein paar Steine, die durch den Nebel herunterschossen, wieder der Hammer.

»Nachkommen«, schrie Andreas, Toni war erleichtert, dass er sich endlich bewegen konnte. Er seilte seinen Rucksack hoch, dann ging er die Wand an. Zuerst versuchte er es mit den Fäustlingen, die seine Großmutter ihm gestrickt hatte, aber die Wolle fror sofort am Fels fest, und die Hand rutschte heraus. Ohne Handschuhe war es eine Qual. Die Finger wurden taub, die Unterarme verkrampften sich, aber auf die Füße konnte man sich erst recht nicht verlassen. Es war Toni ein Rätsel, wie Andreas da hoch gekommen war und unterwegs auch noch Haken setzen konnte.

Der Standplatz war ein etwa dreißig Zentimeter breiter Sockel, auf dem man höchstens zu zweit Platz fand, darüber und darunter nichts als senkrechte Felsen. Um für den verletzten Angerer Platz zu lassen – sie hatten ihn mehr gezogen, als dass er geklettert wäre –, hängte Toni sich in einer Seilschlinge in den Fels.

»So schaffen wir nur zehn, zwanzig Meter in der Stunde, wir müssen auch ans Biwakieren denken.«

Keiner antwortete. Dann sagte Andreas:

»Es ist erst drei Uhr. Irgendwo muss dieses Steilstück doch aufhören.«

»Aber wo?«, meinte Toni.

Sie schauten nach oben, doch sie sahen nur senkrechten Felsen und Dunst. Und wenn die Wand bis zum Gipfel so aussah? Ohne Absatz, ohne Ruhepunkt, ein endloses Hängen in der Vertikalen?

»Du willst doch jetzt nicht wieder runter ins Schneefeld?«

Toni zuckte mit den Achseln.

»Nein, aber es kann sein, dass wir an einer ausgesetzten Stelle im Fels biwakieren müssen. Mitten im Steinschlag.«

»Ich glaube, die Temperaturen sinken, dann müsste die Wand in der Nacht Ruhe geben.«

Sie wussten inzwischen, dass die Wand nie Ruhe gab, aber die Vorstellung, auch nur einen Meter von der Höhe, die sie gewonnen hatten, wieder herzugeben, schlug allen aufs Gemüt. Sie waren dem oberen Rand der Wand näher als dem unteren. Das sagten sie sich immer wieder vor.

»Wir klettern, so weit wir kommen, und morgen schaffen wir es«, sagte Toni, »selbst wenn wir nur in den Mittagsstunden aufsteigen, wenn der Fels aufgetaut ist.«

Sie überwanden noch eine besonders schwierige Stelle mit der Räuberleiter, dann erreichten sie ein schmales Band. Trotz der Kälte hatte sich der Nebel nicht gelichtet, sondern in Nieselregen verwandelt. Die vier schnallten sich in die Wand, knoteten Sitzschlingen und versuchten, eine erträgliche Position zu finden. Andreas packte den Kocher aus, seilte ihn ebenfalls an und bereitete Tee. Als er eine Dose Ölsardinen öffnete, stieg Toni der Geruch unangenehm in die Nase. Toni kannte diesen Ekel, wenn er sich so verausgabt hatte, dass er sich zitternd und frierend auf das nächstbeste Lager warf. Sein Körper weigerte sich dann sogar zu verdauen und hatte nur noch einen Wunsch: Ruhe. Würde Tonis Körper vor dem Gipfel noch einmal zur Ruhe kommen? Und wie lange konnte er steigen, wenn er keine neue Energie aufnahm?

Luise verbrachte den Nachmittag auf der Terrasse, bis sie alle Frankenstücke für das Teleskop aufgebraucht hatte.

»Das ist doch sinnlos«, sagte Arau. »Der Nebel verzieht sich heute nicht mehr. Kommen Sie mit rein.«

Sie setzten sich neben das Kaminfeuer und wärmten sich an ihrem Tee. Luise starrte auf das weiße Porzellan, den filigranen, beinahe keck geschwungenen Henkel der Tasse. Wie idiotisch, ein solches Trinkgefäß, dachte sie. Der Nebel bildete feine Tropfen an der Panoramascheibe, Tropfen, die langsam anwuchsen, ruckweise zusammenfuhren und Rinnsale bildeten. Gegen fünf setzte Nieselregen ein, dann klatschten große Tropfen an die Scheiben. Luise dachte an das Steinerne Meer, in dem sie einmal von Regen überrascht worden waren. Sie zogen sich auf den Heubergkopf zurück, ohne Zelt, ohne Biwaksäcke. Sieben Stunden lang saßen sie zitternd in der Finsternis und warteten, dass sie einschliefen oder die Nacht endlich endete. Doch sie endete nicht, genau so wenig der Regen. »Toni, wieso machen wir das?«, fragte sie. Tonis Hand legte sich auf ihren Nacken, und obwohl auch diese Hand so klamm und kalt war wie alles andere, ließ das Zittern ein wenig nach. »Wieso mache ich es?«, dachte Luise. »Weil er es will, oder weil ich es will?«

»Die werden es schaffen, vielleicht haben sie schon einen Ausstieg gefunden und sind auf dem Rückweg«, sagte Arau, Luise hob den Kopf und nickte.

19. Juli, 23 Uhr

Luise lag wach und hoffte darauf, dass Toni kommen würde. Wenn sie vor Einbruch der Dunkelheit einen Ausstieg gefunden hatten, konnten sie in sechs, sieben Stunden auf dem Nordostgrad den Abstieg schaffen. Gegen Mitternacht drang Wetterleuchten durch die Wolkenmassen, kurz darauf rollte Donner heran, und dann blitzte und krachte es so heftig, dass die Scheiben in den Fensterrahmen klirrten. Luise versuchte, sich abzulenken, las in einem Buch, konnte sich nicht konzentrieren, sie dachte immer nur an die vier in der Wand. Tonis Tourenbuch. Sie betrachtete die kindlichen Zeichnungen des Kammerlingshorns und des Karkopfes. »Keinem Tod das Leben schenken«, stand auf der ersten Seite. Luise stand auf, ging durchs Zimmer, starrte hinaus in die Nacht, dann zog sie sich an und lief durch die Korridore des Hotels. Alle schliefen, was ihr wie Hohn erschien, nur der Portier an der Rezeption schaute sie fragend an.

Die Kletterer waren in ihrem Biwak schlotternd in einen unangenehmen Dämmerzustand gefallen, als ein Blitzschlag sie weckte. Es krachte so laut, das sie für einen Moment wie taub waren, die elektrische Ladung, die auf den Blitz folgte, knisterte auf der Wand, lähmte allen die Muskeln und kitzelte an der Kopfhaut.

»Wir müssen das Eisen loswerden«, schrie Toni. Die anderen verstanden ihn nicht. Es war wieder stockfinster, und er fingerte nach seinem Rucksack, durchwühlte die Sachen nach einer Reepschnur. Er zitterte so stark, dass er die Schnalle nicht wieder schließen konnte. Er öffnete den Karabiner an seinem Gürtel und fädelte ihn, mit allen Mauerhaken, auf die Reepschnur. In immer kürzerer Folge zuckten die Blitze über die Wand, die Wolken, in denen sie saßen, schillerten in allen Farben, von zartgrün über rosa bis dunkelviolett. Der nasse Fels zog die Blitze förmlich an, und als die Wand wieder aufleuchtete, schwenkte Toni brüllend die Mauerhaken. Die anderen hatten begriffen.

»Willy«, schrie Edi Rainer und stieg aus seinem Biwaksack. Der Regen hatte ihn sofort durchweicht. Angeseilt beugte er sich über seinen Kameraden, schüttelte ihn. Dann war es wieder dunkel. Nach einer halben Stunde hatte Rainer auch Angerers Karabiner aufgefädelt, sie banden alle Stricke zusammen und ließen sie an einer doppelten Reepschnur die Wand hinunter. Wenn die Schnur riss, war das ihr sicherer Tod.

Dann saßen sie wieder in ihre Biwaksäcke gekauert, hielten sich die Rucksäcke über die Köpfe und lauschten dem Trommeln von Wasser und Steinen. Schnell hatten sich Sturzbäche gebildet, die über die Wand rauschten, auf das Band klatschten und an den Biwaksäcken zerrten. Über ihnen musste eine Rinne sein, in der sich Wasser und Steine sammelten.

»Wir müssen weiter nach rechts«, schrie Toni, aber um das Lager zu versetzen, brauchten sie weitere Haken. Also holte Toni wieder die Reepschnur ein und fädelte zwei Mauerhaken ab.

Anschließend tastete er sich auf dem Band entlang, suchte in der Finsternis mit den Stiefelkappen nach einem Halt. Wenn er einigermaßen sicher stand, ließ er eine Hand frei und zog den anderen Fuß nach. Die Dunkelheit erhöhte nicht nur die technischen Schwierigkeiten – die Leere erschien Toni noch furchtbarer. Die Vorstellung, ins Nichts zu stürzen und nicht einmal zu sehen, wo man aufschlug, kam ihm grausig vor. Er schlug einen Haken in die Wand, hängte einen Karabiner und sein Sicherungsseil ein und versuchte, Andi ein kurzes Seil zuzuwerfen. Bei Dunkelheit und Wind ein fast unmögliches Unterfangen. Toni hatte einen Karabinerhaken daran gebunden, damit das Seil sich besser schwingen ließ und Andreas sich an dem metallischen Geräusch orientieren konnte, wenn der Haken gegen den Fels schlug. Trotzdem dauerte es Minuten, bis

Andreas das Seil eingefangen hatte. Toni zog einen Rucksack nach dem anderen zu sich heran, dann seine Seilpartner. Angerer konnte sich nicht selbständig auf dem Band bewegen, und so nahm Andreas, als der Kräftigste der drei, ihn auf den Rücken. Kann ein Bergsteiger mit einem erwachsenen Mann auf dem Rücken bei Dunkelheit durch eine senkrechte Wand klettern? Andreas schaffte es. Als er sich selbst am neuen Biwakplatz gesichert hatte, zog er schweigend wieder seinen Sack hervor, schlüpfte hinein und schlief ein.

20. Juli, 5.30 Uhr

Als der Morgen graute und sie aus dem Halbschlaf erwachten, war es still. Der Regen hatte sich in Schnee verwandelt. Er fiel in feinen Flocken, überstäubte den Fels. Jetzt wurde das Klettern endgültig zum Hasardspiel.

Die vier waren vollkommen nass und durchgefroren. Andreas' Schürfwunden an den Handkanten waren wieder aufgebrochen, Tonis Schulter war von einem Stein getroffen worden. Kein Knochen schien gebrochen, aber seine Muskeln schmerzten bei jeder Belastung, sie waren übersäuert und ausgekühlt. Die Biwaksäcke waren steif gefroren, im Inneren hatte sich das Wasser gesammelt und dem Körper zusätzlich Energie entzogen. Toni sah die grauen Gesichter seiner Kameraden.

»Wir müssen etwas Heißes trinken, richtig wach werden. Wir müssen uns bewegen«, schrie er. Er wusste, man musste die Muskulatur belasten, dann »taute« sie auf.

Toni holte die Reepschnur ein, sie war schwer, unter ihnen klingelte es, sie schauten einander erleichtert an: Nichts war verloren gegangen. Aus einer Felsspalte kratzte Toni Schnee, um ihn auf dem Kocher zu schmelzen. Auf dem glitschigen Band verlangte jede Bewegung akrobatisches Geschick, aber Toni arbeitete wie in Trance, gab jedem eine Tasse Tee und ein wenig Zucker. Das Brot war nass geworden, Toni zerteilte es und röstete die Brocken über dem Kocher. Dann schnitt er den Speck in Scheiben. Es war der dritte Tag in der Wand. Und für drei Tage hatten sie Proviant mitgenommen.

Als Toni Angerer seinen Anteil hinhielt, hob dieser abwehrend die Hand. Er wollte nichts essen.

»Du musst bei Kräften bleiben! Zwing dich«, schrie Toni ihn an.

Plötzlich riss der Himmel auf, der Schneefall hatte aufgehört, die Sonne leckte über den Rand der Wand. Die Wolken lagen jetzt unter ihnen, wie ein flauschiger weißer Teppich.

»Na bitte«, schrie Toni. »Heute schaffen wir es.«

Sie schauten nach oben. Der Gipfel war vielleicht noch sechs-, siebenhundert Meter entfernt. Neun, zehn Stunden – unter Normalbedingungen.

»Wir müssen Ballast loswerden«, sagte Toni. »Nur das Wichtigste kommt mit: Proviant und Kleidung und das nötigste Material. Mauerhaken und Seile.«

Sie kramten in ihren Rucksäcken. Aber es gab kaum überflüssigen Ballast, nur ein paar Provianttüten, nasse Streichhölzer und verdreckte Mullbinden. Dennoch: der fantastische Ausblick und die strahlende Sonne hatten sie alle mit neuem Mut erfüllt. Nur Angerer kam nicht recht auf die Beine. Er sprach kaum und starrte apathisch vor sich hin. Edi Rainer half ihm auf.

»Kannst du noch klettern?«, Toni sah Angerer eindringlich an. Er hatte seinen Kopf zwischen die Hände genommen und schüttelte ihn. »Hörst du mich?«

Angerer nickte.

»Es geht schon«, sagte er, schaute Richtung Gipfel, geriet ein wenig aus der Balance und klammerte sich an Toni.

»Reiß dich zusammen«, schrie der ihn an.

Nur wenige Meter über ihnen endete das Steilstück, an dem sie am Vortag verzweifelt waren, was darüber war, konnte man nur erahnen. Sie beugten sich über ihre Wegskizzen.

»Da müsste ein Absatz sein, auf dem man ein Stück schräg nach rechts aufsteigen kann.«

Andreas kletterte wieder vor, aber er fand auf dem vereisten Felsen keinen Halt. Also schlug er noch auf dem Stand den ersten Haken über seinem Kopf ein und ließ sich am Seil hochziehen, dann fand er einen Tritt, einen Griff und schließlich einen Riss, in dem er sich mit gespreizten Beinen hocharbeiten konnte.

Toni sollte recht behalten. Nach einer halben Stunde, als sie die erste Seillänge überwunden hatten, waren sie alle warm, die Muskeln locker und elastisch. Nur Angerer sah furchtbar aus, sein Gesicht hatte eine grau-grüne Färbung angenommen, die Augen blickten ausdruckslos, aber er versuchte, sich nichts anmerken zu lassen, kletterte verbissen, ohne zu murren. Sie hatten wieder dieselbe Ordnung wie am Vortag eingenommen: Andreas im Vorstieg, dann Toni mit dem Großteil des Gepäcks, danach Willy Angerer, und am Ende Edi Rainer. Aus dem Kamin ging es über eine raue Wand zu einem leichten Überhang. Dieser ließ sich nicht umgehen. Er musste geklettert werden.

Andreas hatte die Handschuhe abgelegt und unter dem Überhang einen Haken in den Fels getrieben. Alle wussten, dass dies eine entscheidende Stelle war. Andreas hing mit gespreizten Gliedern in der Wand, wie eine Spinne. Es war eine besonders riskante Stelle, an der man nicht in die Tiefe schauen sollte. Es regnete nicht, aber trotz der Sonne war die Temperatur kaum gestiegen, immer noch hing Eis und Schnee auf den Felsen. Andreas klopfte mit dem Hammer Griffe und Tritte frei. Jede Bewegung musste jetzt in minutiöser Kleinarbeit vorbereitet werden. Andreas tastete sich vor, zog, hämmerte wieder, dann unternahm er den ersten Versuch. Er setzte den rechten Fuß fast auf Hüfthöhe auf eine Felsnase, trat, testete. Als er Halt hatte, schob er sich hoch, zog das linke Bein nach, fand wieder Halt, griff mit einer Hand an eine Kante des Überhangs, mit der anderen darüber, suchte. Seine Arme zitterten, der ganze Körper stand unter höchster Anspannung. Die anderen schauten schweigend zu.

Er schien einen soliden Griff über der Kante gefunden zu haben, denn er löste die Beine aus der Wand, hing nur noch an den Armen, wollte sich hochziehen, und plötzlich fiel er, noch bevor er einen Warnschrei ausstoßen konnte. Toni stemmte sich ins Seil, Andreas fiel einen Meter, bis das Seil sich am Haken spannte und Andreas, geistesgegenwärtig, die Beine in die Wand stellte, um den Aufprall zu dämpfen.

Er probierte es noch zwei Mal, zwei Mal rutschte er ab, dann schrie er:

»Scheiße, meine Arme! Sie sind steinhart, ich spüre die Finger nicht mehr, aber da ist ein Griff, da ist ein guter Griff, verdammte Schweinerei.«

»Komm runter, lass es mich probieren«, schrie Toni. Er schnallte den Rucksack ab und tauschte mit Andreas die Position. Dieser dirigierte ihn. Toni tastete den Fels über der Kante ab, fand den Griff, ließ die Beine zurückpendeln, hing an den Armen in der Wand, 1300 Meter über der Kleinen Scheidegg. Man hätte bequem mit dem Fallschirm abspringen können, und Toni gefiel dieser Gedanke, er triumphierte innerlich, da war er wieder, der Rausch des Kletterns!

Toni spürte, wie seine Finger feucht wurden, er zog, konzentrierte seinen ganzen Willen auf die Arm- und Schultermuskulatur. Wenn er über diesen Überhang kam, war es wahrscheinlich geschafft. Schlimmer als die letzte Nacht konnte es in der Wand nicht werden. Langsam öffneten sich seine Finger, sein Hirn gab das Kommando: schließen!, doch es half nichts, die kalten Finger taten einfach das Gegenteil, und wenn sie erst einmal in Bewegung waren – Gleitreibung ist geringer als Haftreibung, ein einfaches physikalisches Gesetz … Scheiß drauf! Jetzt feuert mich schon an! Und tatsächlich schrie Andi: »Du schaffst es!« Plötzlich hatte Toni den rechten Ellbogen oben, dann auch den linken. Er wusste nicht, wie er das geschafft hatte, er lag mit dem Oberkörper auf dem Fels, keuchte, glücklich. Er zog die Beine nach und jauchzte.

»Wir schaffen es!«, schrie er, »wir schaffen es!«

Toni stand auf einer breiten Felsplatte, über der eine Verschneidung, eine diagonal in die Höhe führende Kante, begann, der Rest war ein Kinderspiel.

Die Hotels auf der Kleinen Scheidegg sahen von hier aus wie Streichholzschachteln, aber aus dem Tal schoben sich Wolkentürme heran, und es roch nach Schnee.

»Wir müssen uns beeilen!«, schrie Toni, »das Wetter gefällt mir nicht.«

Er zog die Rucksäcke nach, dann Andreas, und gemeinsam hievten sie Angerer hoch. Als auch Rainer da war, besprachen sie die weitere Route. Sie mussten bis zu jenem zentralen Schneefeld kommen, das sich mit seinen vielen Ausläufern in der Wand verzweigte (und später unter dem Namen »Weiße Spinne« berühmt werden sollte). In den Ritzen und Kanälen gingen ständig kleine Lawinen ab. Sie würden ihnen trotzen müssen, wie einem Wasserfall.

Sie gingen nun wieder zu viert an einem Seil, Toni vorneweg. Immer wieder sah er in die Wolken. Wenn das schlechte Wetter den oberen Teil der Wand erfassen sollte, wurde der Durchstieg durch das große Schneefeld schlichtweg unmöglich. Regen und Schnee würden einen solchen Stein- und Eisschlag auslösen, dass ein Überleben in den Rinnen ausgeschlossen war.

Toni spürte allmählich die Höhe, die Luft wurde dünner, er atmete schneller als gewöhnlich und bekam doch nicht genug Sauerstoff. Sein Hals begann zu brennen, aber sie kamen gut voran. Plötzlich ein Schrei, ein Ruck ging durch das Seil und hätte Toni beinahe von den Füßen geholt. Toni warf sich gegen die Wand, klammerte sich an einen Felskopf, während es mit aller Gewalt an seiner Schulter zog. Er hatte das Seil über die heile Schulter geschlungen, es drückte auf Schlüsselbein, Brust, die Halsschlagader, nahm ihm die Luft, aber sein einziger Gedanke war: Du darfst den Fels nicht loslassen, wenn du abrutschst, stürzen wir alle. Seine Arme fingen an zu zittern, hinter ihm schrie Andreas.

Toni sah aus dem Augenwinkel, wie Angerer aus der Wand stürzte, das Seil spannte sich, und Angerer krachte gegen den Fels. Man hörte ein Klatschen, und dann knackte etwas wie ein trockener Ast, der bricht. Angerer schrie wie ein Tier.

Andreas und Rainer hatten sich ebenfalls halten können, zwischen ihnen hing das Seil, das bis zur Kante straff gespannt war und darunter sachte baumelte. Daran hing Angerer.

Toni kehrte zurück, und gemeinsam zogen sie, mit äußerster Vorsicht, den Verletzten zu sich hoch.

»Was ist los?«, schrie Rainer.

Angerers Brüllen ging in ein Wimmern über. »Mein Bein, mein Bein!«

Wenn er nur ohnmächtig wurde, damit das ein Ende hatte! Angerer klammerte sich mit beiden Händen an das Seil, mit einem Bein stieß er sich immer wieder von der Wand ab, das andere Bein hielt er ebenfalls abgespreizt, aber der Unterschenkel machte einen merkwürdigen Knick, an dem der Fuß baumelte wie eine Feldflasche am Rucksack.

Als Angerer zwischen ihnen lag, nahm Rainer seinen Kopf in den Schoß, und Toni schnitt mit dem Fahrtenmesser die blutverschmierte Hose auf. Ein offener Bruch, Waden- und Schienbein ragten über dem Stiefelschaft aus dem zerfetzten Muskelgewebe. Angerer zitterte stark und winselte vor Schmerzen.

»Das gehört abgebunden«, sagte Toni. Andreas holte die letzten Reepschnüre aus seinem Rucksack. Die Wunde war so dicht unter dem Knie, dass sie das Bein am Oberschenkel abbinden mussten. Es war klar, Angerer würde keinesfalls weiter klettern können.

Toni wusste, was zu tun war, er hatte es in seinen Lehrgängen zum Bergretter gelernt: Den Knochen so ausrichten, dass die Enden nicht ins Gewebe stachen, die Wunde notdürftig reinigen, die Knochenenden feucht halten, damit der Knochen nicht abstarb, dann schienen. Am besten das gebrochene Bein an das gesunde schienen. Aber dann war Angerer bewegungsunfähig und konnte nicht einmal mehr humpeln. Sie mussten zuerst den Bruch richten. Die Gummipuppen, die Toni in den Ausbildungslagern verarztet hatte, waren augenlos gewesen. Angerers Blick dagegen flirrte wie im Fieber. Er flehte, sie mögen seine Knochen nicht anfassen. Sie nahmen seinen Eispickel aus seinem Gürtel und brachen den Stil entzwei. Rainer hielt Angerers Brust, Andreas und Toni zogen an dem Fuß. Angerer schrie bestialisch, bis Rainer ihm den Mund mit seinem Handschuh zustopfte, während Andreas und Toni die

Schiene anlegten. »Scheiße, Willy, verdammte Scheiße!«, schrie Rainer und trat gegen einen Felsblock.

Andreas und Toni wechselten einen Blick und sahen hinauf zum Gipfel, der in der klaren Luft greifbar nahe erschien. Aber jetzt ging es nicht mehr um den Gipfelsieg, es ging ums nackte Überleben. Auch ohne den Eid, den Toni bei den Bergrettern geschworen hatte, wäre sein einziger Gedanke der Rückzug gewesen. Zu dritt musste es ihnen möglich sein, Angerer heil nach unten zu bringen. Und wenn sie ihn Seillänge um Seillänge hinabließen. Er sah Andreas sehnsuchtsvoll Richtung Gipfel schauen. Ihre Blicke trafen sich, und da schlug Andreas die Augen nieder. Er schien sich zu schämen für seinen Wunsch, weiterzusteigen.

»Ich pack das schon«, sagte Rainer, »geht weiter, ich steige hinunter und seile den Willy ab.«

»Red doch keinen Unsinn!« Andreas schrie auf einmal. »Wie willst du das alleine schaffen?«

Angerer wimmerte immer noch. Und nun brachen sich auch bei Rainer die Emotionen Bahn.

»Halt's Maul, Willy«, fuhr er seinen Kameraden an. »Hör endlich mit dem Gejammer auf! Du machst uns alle ganz irre!«

»Sei vernünftig, Edi. Das schaffst du nie da runter, vielleicht schaffen wir es nicht einmal zu dritt. Das sind tausendvierhundert Meter Wand«, versuchte Toni zu beschwichtigen.

Sie schauten wieder nach oben. Der Gipfel war so nah! Toni erriet die Gedanken der Anderen: »Durch diese Eisrinnen mit einem Schwerverletzten, das ist unmöglich.«

»Und die Eisfelder unten? Unsere Stufen sind wahrscheinlich längst wieder verweht«, sagte Andreas.

»Aber unten sind die Schneefelder weniger steil«, sagte Toni. Bei dem Gedanken an die Plackerei, die sie nun wiederholen mussten, noch dazu mit einem Schwerverletzten, wurde ihnen übel.

»Und wenn wir möglichst schnell aufsteigen, um Hilfe zu holen?«, fragte Andreas.

»Wer soll uns denn Hilfe bringen?«, fragte Toni.

»Oder wenigstens Proviant und trockene Sachen?«

Toni schüttelte den Kopf und schaute Andreas in die Augen.

»Wir haben keine Wahl, wir müssen alle wieder runter.«

Angerer keuchte. Bei dem Sturz waren Mütze und Verband verrutscht, frisches Blut lief über sein Gesicht.

Luise lief, krank vor Sorge, den ganzen Tag zwischen ihrem Zimmer, der Rezeption und der Terrasse hin und her. Wie dumpfes wiederkäuendes Vieh kamen ihr die Gäste vor, die sich der Routine der Mahlzeiten hingaben, des Schachspiels und der Zeitungslektüre. Die Wetterprognosen verhießen nichts Gutes. Kalte Luftströme sollten die Schweiz erreichen, vielleicht Regen und Schnee bringen.

Luise unterhielt sich mit den Reportern der anderen Zeitungen. Niemand wusste etwas Genaueres, nur Gerüchte, durch ein Nebelloch habe man beobachtet, wie die vier umgekehrt seien.

Da hörte Luise die Stimme Araus, der am Telefon sprach. Er war aufgeregt und debattierte offenbar mit der Vorzimmerdame des Chefs: Er müsse sofort den Redaktionsleiter sprechen, schrie er, ja, auch mitten in der Sitzung, die Geschichte sei am Kippen.

Arau lauschte in die Muschel, nickte, legte auf.

»Und?« fragte Luise.

»Wir fahren zurück.«

»Aber die vier sind doch noch in der Wand.«

»Sie sind umgekehrt. Heute Abend, spätestens morgen liegen sie in ihren Zelten, schlafen eine halbe Woche lang, und dann fahren sie nach Hause. Wie wollen Sie daraus eine Geschichte machen?«

»Aber sie waren so dicht vor dem Gipfel, so hoch war noch keiner. Das ist …«

»Das ist nichts Halbes und nichts Ganzes«, sagte Arau. »Wir brauchen entweder einen Triumph oder eine Tragödie. Eine gesunde Umkehr, das interessiert niemanden, kurze Notiz unter Vermischtes, das war's, Kindchen.«

»Ich dachte, die beiden würden Ihnen etwas bedeuten.«

»Wenn ich mich mit jedem anfreunden würde, über den ich schon einmal eine Geschichte geschrieben habe, käme ich mit der Weihnachtspost nicht hinterher. Und für die völkische Bewegung haben ihre zwei Freunde ja auch kein Interesse. Wäre sowieso schwer geworden, aus denen deutsche Siegerhelden zu basteln.«

Arau schüttelte den Kopf und tippte sich wieder an die Nasenspitze. Luise sah ihn angewidert an. »Unser Zug geht morgen 11.30 Uhr.«

»Ich bleibe hier«, sagte Luise und hielt Araus Blick stand.

IV.

»Einverständnis mit dem Tod ist ein angenehmer, friedlicher Zustand. Der Tod war nicht viel mehr als ein letztes Ausatmen.«

Reinhold Messner

Am 20. Juli 1936 kamen die Zeitungen später als gewöhnlich aus dem Tal. Das »Berliner Tageblatt« vom Vortag meldete noch: »33,9 Grad im Schatten. Was tun bei Hitzschlaggefahr?«, während auf der Kleinen Scheidegg die Schneeflocken gegen die Hotelfenster trudelten.

Die Schlagzeilen gehörten an jenem Montag dem Spanischen Bürgerkrieg: Francos Vormarsch, Regierungsumbildung, Kommunistenflucht nach Frankreich, Bomben auf Sevilla. Gerüchten zufolge war Madrid gefallen. Die meisten dieser Meldungen würden sich später als Propagandalügen herausstellen, doch an jenem Montag war die Mehrzahl der Hotelgäste empört über die Frechheiten der Republikaner, über die Einmischung der Sowjets, die den kommunistischen Brigaden Waffen lieferten.

Emil Landauer war zufrieden, dass man sich endlich wieder mit Wichtigem beschäftigte. Er las auch die kleineren Meldungen zum »Luftkampf über Hamburg«, einem Großmanöver des Deutschen Reiches, bei dem die Abwehrschlacht über der Nordsee geprobt wurde. Seine Freude wich dem Unbehagen. Hamburg war für seine Importfirma ein wichtiger Umschlagplatz, über den zwei Drittel seiner Waren eingeführt wurden, aber schlimmer war, dass Hitler konsequent aufrüstete. Welche Impertinenz, zehn Tage vor Beginn der Olympischen Spiele in Berlin einen Luftkampf »zur Friedenssicherung« zu simulieren, während »der Führer« selbst in Bayreuth den Wagner-Festspielen beiwohnte!

In Österreich wurde die Nationalsozialistische Partei wieder zugelassen, zwei Nazis sogar ins Kabinett aufgenommen. Landauers schlimmste Befürchtungen wurden bestätigt. Das Freundschaftsabkommen mit dem Deutschen Reich war Fassade, Österreichs Schicksal besiegelt. Landauer dachte zum ersten Mal ernsthaft darüber nach, Europa zu verlassen. Die Hälfte seiner Verwandten waren schon nach Amerika ausgewandert, sie würden ihm drüben helfen. Aber in Wien hatte er seine Firma, seine gesamte wirtschaftliche Existenz, sollte er das einfach aufgeben? Wegen eines offenkundig Verrückten, der ein bisschen Krieg spielte?

20. Juli, 10.30 Uhr

Sie hatten Angerer auf den gesunden Fuß gestellt, er balancierte auf dem Fels, gestützt von Rainer.

»Meinst du, du kannst dich im Dülfersitz abseilen, mit einer Fußschlinge, Willy?«, fragte ihn Toni.

Angerer starrte in die Tiefe und klammerte sich an Rainer fest.

»Nein, lass mich nicht los, Edi, halt mich! Du musst mich huckepack nehmen.«

»Jetzt sei doch vernünftig! So schaffen wir es nie über die Kante, und wie sollen wir unten zurück an den Fels kommen?«, schrie Rainer.

Andreas und Toni legten ein Seil über die überhängende Felsplatte, die sie mit so viel Aufwand erklettert hatten, und sicherten es, während Angerer immer wieder schrie, er werde da allein nicht runtergehen: »Lasst mich hier liegen, lieber will ich verrecken!«

Edi Rainer gab seinem Seilkameraden ein paar Ohrfeigen, bis dieser nur noch wimmerte. Dann stieg Rainer als Erster ab. Als er einen sicheren Stand hatte, befestigte Andreas eine Reepschnur mit dem Prusikknoten am Seil und fädelte Angerers gesunden Fuß ein. Mit dem Prusikknoten, einer Art doppelten Schlinge in W-Form, wird ein Seil so an einem anderen befestigt, dass es daran entlang gleiten kann, solange es entlastet ist. Wird es dagegen belastet, zieht die Schlinge sich zu und blockiert. An Hanfseilen eine absolut zuverlässige Methode. Wenn man zwei gesunde Beine hat, kann man so an hängenden Seilen auf und ab marschieren, fast wie auf einer Sprossenleiter. Angerer strampelte, Toni und Andreas hielten ihn, flach auf der Felsplatte liegend, an den Oberarmen.

»Entlaste den Fuß, lass ihn ein Stück nach unten rutschen!«

Angerer klammerte sich so verzweifelt an Tonis Hals fest, dass dieser Andreas' Hilfe brauchte, um Angerer die Finger aufzubiegen und sich loszumachen. Angerer rutschte ein Stück nach unten, dann zog sich der Prusikknoten zu.

Angerer hing jetzt frei unter dem Überhang. Er winselte, schrie.

»Ich bin hier, Willy, entlaste die Fußschlinge ein wenig«, rief Rainer ihm zu.

Zentimeter um Zentimeter ließ Angerer sich hinabgleiten, bis sein Freund ihn bei sich hatte.

Als alle vier wieder beieinander standen, war fast eine Stunde vergangen.

»Ab jetzt wird's einfacher«, sagte Toni, um den anderen Mut zu machen. Andreas und Rainer starrten vor sich hin.

»Lasst mich hier liegen, ich flehe euch an«, sagte Angerer, »ich schaffe das nicht.« Er hatte seine Arme um Rainer geschlungen und zitterte am ganzen Körper.

»Wenn wir dich hierlassen, bist du spätestens morgen früh tot.«

»Bitte, lasst mich hier«, flehte Angerer wieder, und aus seinen Augen liefen Tränen.

»Halt die Klappe«, schrie Rainer ihn an.

»Du solltest etwas essen«, sagte Toni und schnallte seinen Rucksack ab.

Andreas protestierte:

»Wir haben nur noch einen Kanten Brot für uns alle.«

»Wir können auch ein, zwei Tage ohne Essen auskommen«, sagte Toni, »er aber nicht.« Er gab Angerer ein Stück. Dieser reichte es weiter an Andreas, der es sofort verschlang.

Unterdessen schoben sich die Wolken aus dem Tal herauf, sie drängten gegen die Wand, und plötzlich heulte ein scharfer Wind, der ihnen eiskalt in die Gesichter schnitt, in die Jacken und unter die Ärmel.

»Wir müssen uns beeilen, es kommt Sturm auf«, sagte Toni. Schon fegte der Schnee in kleinen harten Kristallen über den Fels, man hörte ihn knistern, und nach kürzester Zeit hatten alle taube Füße in den schweren, zu Eisklumpen gefrorenen Lederstiefeln.

20. Juli, 15 Uhr

Der Sturm machte bald einen solchen Lärm, dass auch im Hotelrestaurant die Gespräche erlahmten. Obwohl erst früher Nachmittag war, schien die Nacht hereingebrochen. Der Wind heulte in den Kaminen, ließ die Fensterläden krachen, warf die Möbel auf der Terrasse um. Eines der Zelte, die die Kletterer auf der Wiese zurückgelassen hatten, blähte sich zu einer Kugel, wurde lang und länger und flog schließlich davon.

»Wie wollen die vier nur bei einem solchen Wetter absteigen?«, fragte Frau Landauer.

»Das ist unmöglich«, antwortete der Ober, der eben ein Tablett mit Cognac gebracht hatte. »Niemand kann sich bei diesem Wind in der Wand halten. Mit einer ordentlichen Portion Glück haben sie einen guten Biwakplatz gefunden.«

Luise rechnete nach. Der dritte Tag ging zu Ende. Ihr Proviant musste aufgebraucht sein.

»Und wie lange dauert so ein Sturm?«, fragte sie.

Der Ober zuckte mit den Achseln.

»Ganz unterschiedlich. Stunden, Tage, eine Woche … Wer will das wissen?«

»Nun«, sagte Arau und blickte sich triumphierend um, dann wird das Ganze ja vielleicht doch noch eine Geschichte.« Luise sah ihn hasserfüllt an. Selbst Landauers und ein Ehepaar aus Stuttgart am Nachbartisch, das bisher noch über den geschmacklosesten Witz gelacht hatte, schauten irritiert.

Der Pianist setzte mit der üblichen Salonmusik ein, er mischte um diese Uhrzeit Operetten-Melodien mit deutschen Schlagern. Die Tanzstücke kamen erst später. Aber auch er hatte Mühe, sich gegen das Heulen des Sturmes durchzusetzen.

20. Juli, 19.30 Uhr

Die vier Bergsteiger erreichten den Rand des Unteren Schneefeldes. Sie waren vollkommen ausgekühlt, erschöpft, ihre Nerven lagen blank, der Hunger nagte an ihnen. Angerers Gejammer, sein Wunsch, einfach zu sterben, zerrte zusätzlich an ihnen. Es dämmerte, der Schnee war erst in Schneeregen und dann in einen schweren Regen übergegangen. Sie waren auf der Route des Aufstiegs zurückgeklettert, am ersten und zweiten Biwakplatz vorbeigekommen und hatten das Untere Schneefeld erreicht, womit sie eine größere Strecke als am Vortag geschafft hatten

– eine enorme Leistung für die geschwächten Kletterer. Angerer hatte sich an einigen Stellen selbstständig abgeseilt, dann wieder wollte er aufgeben, weigerte sich, sich zu bewegen, auf den Schneefeldern hatten sie ihn huckepack tragen müssen und manchmal, angeseilt, einfach über das Eis rutschen lassen. Jeder der vier hatte bei Stürzen Abschürfungen oder kleinere Fleischwunden davongetragen, ihre Hände, Schultern, Leisten waren von den Hanfseilen wund gescheuert, aber schwere Stürze hatten sie verhüten können. Sorgen bereitete ihnen die Materiallage. Sie hatten viele Mauerhaken zurücklassen müssen, und das Abseilen im Dülfersitz, der durch die hohe Reibung zwar viel Sicherheit bietet, aber auch Stoffe, Haut und Hanf strapaziert, hatte die Kleidung zerfetzt, die Seile brüchig werden lassen.

Der Anblick der Biwakplätze auf dem Rückweg hatte ihnen besonders zugesetzt. Sie erkannten die Kuhlen, die sie mit so viel Mühe ins Eis gehackt hatten. Alles umsonst. Als sie auf ein paar leere Sardinendosen stießen, die sie zurückgelassen hatten, stürzte sich Andreas darauf und wollte das Öl aus ihnen lecken. Aber es war eingefroren. Phasenweise bewegte Angerer sich wie in Trance. Dann sprach er nicht mehr, lamentierte nicht. Wenn er mit seinem verletzten Bein irgendwo hängen blieb, zog er keine Grimasse, sondern presste nur einen tiefen kehligen Laut aus seiner Brust. Die anderen waren erleichtert, meinten, sein Widerstand wäre gebrochen, doch dann begann Angerer plötzlich wieder zu schreien:

»Keinen Zentimeter weiter. Ich hasse diese Wand. Ich hasse dich, ich hasse dich«, schrie er wie von Sinnen in den Sturm.

Gegen Abend froren die Seile steif, ebenso die Jacken, Mützen, Stiefel. Die vier wussten nicht, ob das der Grund war, warum sie sich nicht mehr bewegen konnten, oder ob sie am Ende ihrer Kräfte waren.

»Lass uns biwakieren!«, schrie Andreas gegen den Wind an.

»Weiter unten ist das Schwalbennest«, erwiderte Toni. Das Schwalbennest, eine Einbuchtung im Fels, die Schutz vor Stein- und Eisschlag bot, war der einzige sichere Platz bei diesem Wetter.

»Dazwischen liegt das Schneefeld, die Stufen sind schon wieder verweht, das schaffen wir nicht mehr.«

Toni blieb stehen und sah sich nach Rainer um. Aber auch der brüllte nur:

»Biwakieren.«

»Wo?«, fragte Toni.

»Hier.«

»Wir müssen zum Schwalbennest, hier erfrieren wir oder werden erschlagen«, schrie Toni.

»Ich kann nicht mehr«, brüllte Rainer zurück.

»Du musst.« Toni ging auf ihn zu, packte ihn an den Jackenärmeln und schüttelte ihn.

»Ich kann keinen Schritt mehr gehen, kein Seil mehr halten.«

Toni trat vor Andreas:

»Red du mit ihm. Hier werden wir draufgehen.«

Andreas schüttelte den Kopf.

»Es geht nicht.«

Toni schaute ihm in die Augen. Andreas' Blick war leer und stumpf, das war nicht mehr der unbekümmerte Bursche, der barfuß die Wände hochging und sich für unbezwingbar hielt. Aber Toni konnte seinen Willen nicht allen dreien aufzwingen. Sollte er allein weiter? Wenigstens sich selbst retten?

Er schämte sich für diesen Gedanken.

Sie seilten sich auf einem schmalen Band an und versuchten, während der Sturm noch heftiger wurde, ihren Platz herzurichten. Die Beine baumelten in die Tiefe, und unter normalen Bedingungen hätten sie auf den spitzen Steinen nicht zehn Minuten sitzen können. Jede Verrichtung dauerte fünf Mal so lang wie gewöhnlich. Sie bewegten sich wie in einer zähen, schweren Flüssigkeit, ihre Glieder waren lahm und taub, der Wind zerrte an ihnen. Tonis Enttäuschung wich der Wut, dann der Verzweiflung. Sie brauchten eine halbe Stunde, bis sie die vier Biwaksäcke geöffnet hatten. Sie setzten sich auf ihre Rucksäcke und banden sich mit dem Seil zusammen. Am Anfang saßen Rainer und Toni außen, aber sie wollten jede Stunde die Plätze tauschen.

»Wir dürfen nicht einschlafen«, schrie Toni zu Angerer hinüber, »Willy, du musst dich bewegen!«

Doch Angerer schien bereits zu schlafen. Die Wangen waren violett, die Nasenspitze schwarz. Dort war das Gewebe bereits abgestorben. Angerer würde sein Lebtag entstellt sein.

»Willy! Willy, du erfrierst!«

Angerer reagierte nicht auf die Ohrfeigen.

»Ist er ohnmächtig geworden?«

Toni versuchte, seine Zehen in den Stiefeln zu bewegen, aber er spürte sie nicht. Sie hatten den ganzen Tag weh getan, jetzt taten sie es nicht mehr.

Er zerrte den Kocher hervor und kratzte mit dem Eispickel ein wenig Schnee zusammen. Doch alle Versuche, die Flamme am Leben zu erhalten, scheiterten. Eine heftige Windbö, und der Kocher erlosch. Toni wollte seine Finger ein wenig an der Muffe wärmen, aus der die Flamme kurz geflackert hatte, aber er spürte nur ein Stechen in den Knochen, als er das Metall berührte. War das Gewebe schon völlig taub? Er betrachtete seine Hände, die Finger ließen sich krümmen. Als es dunkel wurde, gab auch Toni auf. Seine Verzweiflung schlug in nackte Angst um. Wenn er in den Abgrund hinuntersah, wurde ihm übel. Angerer hat recht, dachte er. Er glaubte, plötzlich zu spüren, wie die Haken aus dem Fels rissen, wie seine Füße keinen Widerstand mehr hatten, da war nur noch Luft, er wartete auf einen Aufprall, doch da war nur Leere, und er fiel immer weiter, immer weiter. Toni lauschte dem Ächzen der Seile und Haken. Das Metall schien sich millimeterweise aus dem Fels zu arbeiten, aber wenn er die Sicherungen überprüfte, saßen sie fest. Es liegt nur an der Dunkelheit, murmelte Toni vor sich hin, an der Urangst, die uns geblieben ist, vor Kälte, Finsternis, Leere, wir sind wie gejagte Tiere, die sich vor ihren Feinden fürchten, aber wir sitzen sicher.

»Mach doch das Zelt zu«, schrie Angerer plötzlich. »Zelt zu, hier fliegt der Schnee rein!«

Angerer fuhr hoch und rüttelte Rainer wach, der wild um sich schlug.

»Du sollst nicht immer das Zelt offen stehen lassen«, brüllte Angerer ihn an. Rainer versuchte ihm klarzumachen, wo sie waren, aber irgendwann gab er auf und sagte beruhigend: »Lass, Willy, da ist ein Loch im Zelt, morgen früh flicken wir es.«

Dann war es wieder still, und Toni versank in einen unruhigen Halbschlaf, der ihn mit grässlichen Visionen heimsuchte: Er sah sich mit schwarzgefrorenen Fingern und schwarzem Gesicht im Schnee stecken, so wie Mehringer und Sedlmayr. Wir müssen uns einfach bewegen, dachte er. Solange wir uns bewegen, sind wir sicher. Er kannte diese Ängste. Aber er wusste, dass die Nacht sie zusätzlich Kraft kosten würde, weil der Wind und die Nässe die letzte Energie aus ihren Körpern sog. Wenn das Wetter sich nicht besserte, war es mit dem Klettern vorbei, dann waren sie zur Untätigkeit verdammt, weil die ganze Wand ein einziges senkrechtes Eismassiv sein würde, in das man keine Eishaken schlagen konnte, an dem es keinerlei Halt gab, so dass die Sturmböen sie wie trockene Blätter aus der Wand reißen würden.

Er wollte den anderen zurufen, dass sie die Finger und Füße bewegen mussten, immer wieder setzte er an, doch inzwischen war er selbst zum Schreien zu schwach. Erst noch ein bisschen ausruhen, dachte er. Kraft sammeln, damit man meine Stimme auch hört. Er dachte an seine enge Kammer, das Bettgestell, in dessen Kirschholz der Großvater Eichenlaub geschnitzt hatte. Er dachte an die Suppe, die sonntags auf der Kochmaschine stand, wenn er vom Klettern kam, wie ihr Dampf die Scheiben der Küche beschlug. Er dachte an die getrockneten Lavendelblüten in seinem Schrank, und er roch ihren Duft, so betörend, dass er fast eingeschlafen wäre. Ich darf nicht einschlafen, dachte er, ich muss wenigstens Finger und Zehen bewegen, aber der Gedanke beruhigte ihn, denn er wusste, solange er das noch dachte, war er wach.

Luise hatte den ganzen Nachmittag stumm in die Wolken gestarrt. Sie wusste, dass die Männer nach dem Temperatursturz doppelt so viel Proviant brauchten, um sich zu ernähren, andernfalls würde die Kälte sie lähmen. Aber sie hatten nur für drei (warme) Tage geplant. Waren sie überhaupt noch in der Lage, zu klettern? Lebten sie noch? Luise kannte die Bilder von Erfrierungen und Amputationen. Sie sehnte sich nach Tonis kurzen, kräftigen Zehen, die sich manchmal im Sommer, wenn sie gemeinsam auf der Wiese lagen und in die Wolken starrten, in ihre verhakt hatten, nach seinen zärtlichen Händen. Der Wind war selbst hier unten inzwischen mörderisch, nasskalter dichter Regen fiel. Sie ertrug die Ungewissheit nicht mehr. Um sechs Uhr fragte sie an der Rezeption nach den Bergführern, mit denen sie gesprochen hatte, und man gab ihr die Adresse der Rubi-Brüder, die in zwei bescheidenen Häuschen in der Dorfstraße in Alpiglen wohnten. Sie zog drei Pullover übereinander an und ihre warme Jacke. Um den Kopf wickelte sie einen dicken Wollschal. Der Sturm riss an ihren Kleidern, als sie durch die verlassenen Gassen des Dorfes irrte, bis sie das Haus fand. Es war nicht viel mehr als eine Hütte, gemauert aus grobem Muschelkalk. Aber auf den Fensterbänken standen Blumenkästen, die einladend wirkten und Luise Mut machten. Sie klopfte, lange geschah nichts. Sie klopfte wieder und rief, dann ging die Tür auf.

Frau Rubi, eine schmächtige Frau mit Kopftuch, starrte Luise verwundert an.

»Haben Sie sich verirrt?«

»Ich muss Ihren Mann sprechen.«

Sie bat Luise in die Küche, einen niedrigen, rauchgeschwängerten Raum, wo Adolf Rubi saß und sie nur sprachlos anstarrte, als Luise ihr Anliegen vortrug.

Schließlich herrschte er sie an: Sie sehe doch selbst, dass man bei einem solchen Wetter nicht in die Wand einsteigen könne. Das gäbe nur ein paar Tote mehr.

Luise klopfte auch beim Bruder, bekam dieselbe abschlägige Antwort und rannte zurück ins Hotel. Arau müsse etwas unternehmen, in Berlin anrufen, Hilfe holen, irgendetwas. Arau saß gerade bei Tisch und tupfte sich mit der Serviette den Mund ab.

»Wo soll ich denn da anrufen, Kindchen?«

»Im Kriegsministerium, die müssen die Bergwacht in München anfordern. Das sind die Besten.«

Arau schüttelte den Kopf. Dann fiel Luise die Kaserne in Berchtesgaden ein. Die Gebirgsjäger mussten ein Rettungskommando schicken. Fünf Mal brach die Verbindung nach Deutschland ab, dann hatte sie endlich Kompaniechef Konrad an der Strippe.

»Toni und Andi sind in der Wand, sie brauchen Hilfe.«

Konrad verstand nicht recht. Wer war diese Luise, was hatte sie mit seinen Gefreiten zu schaffen? Und was machten die am Eiger? Doch Luise gab nicht nach und appellierte an Konrads Patriotismus. Schließlich verlangte der Offizier ihren Vorgesetzten. Und so kam Arau nicht umhin, die Vorgänge zu schildern. Konrad war außer sich, dass sein Befehl missachtet worden war. Sollte er an den beiden ein Exempel statuieren oder sie für ihren Heldenmut auszeichnen? In beiden Fällen mussten sie vorher gerettet werden. Selbst wenn er sie vors Kriegsgericht stellen wollte, brauchte er sie lebend. Er telefonierte nach Berlin und forderte eine Maschine für die Bergwacht aus München an.

Im Luftfahrtministerium war man über den späten Anruf nicht sehr erfreut. Es war ein reiner Zufall, dass Reichssekretär von Manning um diese Zeit noch im Büro war. Seine Frau hatte einen akuten Rheumaanfall, deshalb war er den Nachmittag über zu Hause gewesen und arbeitete jetzt die Stunden nach. Ein Notfall von nationaler Tragweite sah für Reichssekretär von Manning anders aus. Im Moment seien die Kräfte für das Manöver über Hamburg konzentriert, außerdem gebe es Planungen, mehrere Geschwader ins Ausland zu verlegen. Spanien, dachte Konrad und sagte:

»Aber Sie werden doch irgendein Passagierflugzeug im Münchner Raum zur Verfügung stellen können.«

»Ich werde sehen, was sich machen lässt«, sagte von

Manning, schrieb sich eine Notiz, schloss seine Aktenschränke und machte sich eilig auf den Heimweg. Er musste noch in die Nachtapotheke und ein Schmerzmittel für seine Frau besorgen.

21. Juli, vier Uhr morgens

Gegen vier Uhr hielt Luise es nicht mehr aus. Arau hatte behauptet, Konrad werde umgehend eine Rettungsmannschaft schicken, aber wie lange brauchte die, um aus Deutschland zu kommen? Sicher würden sie vor dem Morgen nicht einmal aufbrechen. Die einzige Möglichkeit, jetzt in die Wand zu kommen, war die Jungfraubahn. In der Nacht fuhr sie nicht, aber man konnte zu Fuß durch den Stollen gehen.

Sie zog nun fast alles an, was sie an Kleidung bei sich hatte, dann klingelte sie den Nachtportier wach:

»Ich brauche etwas zu essen«, sagte sie.

»Die Küche ist geschlossen.«

»Mir reichen auch belegte Brote, ein Stück Speck oder Ölsardinen.«

»Ölsardinen? Deshalb wecken Sie mich um …«, er kramte umständlich seine Taschenuhr hervor, »… um vier Uhr früh? Unser Haus führt keine Ölsardinen.«

»Geben Sie mir irgendwas.«

»Ich kann Ihnen nicht irgendetwas geben, wie soll ich das denn verrechnen?«

»Es geht um vier Menschenleben, und Sie machen sich Sorgen um Ihre Buchführung?«

Der Portier starrte in Luises weit aufgerissene Augen. Als er endlich begriff, was sie vorhatte, brachte er sie schließlich in den Vorratskeller. Sie packte Trockenobst, Speck und Brot in einen Leinenbeutel.

»Nehmen Sie das Bündner Fleisch«, sagte der Portier am Ende, »das ist leichter zu verdauen.«

Ihr Blick fiel auf eine verstaubte Laterne. Sie nahm sie in die Hand und entzündete den Docht unter der Glashaube. Sie schien zu funktionieren. Fragend blickte sie den Portier an. Der nickte ihr stumm zu, dann sagte er:

»Geben Sie auf sich Acht, Fräulein. Und gehen Sie mit Gott.«

Es goss in Strömen, als Luise über den Hang zum Stollen lief. Sie hatte den Beutel unter ihren Mantel geschoben und rannte fast. Der Stollen war stockfinster, das Regenwasser prasselte und klatschte, Steine rieselten über die Wand und schlugen vor dem Stolleneingang auf.

Die Laterne verbreitete einen schwachen Lichtschein, mit dem sie sich auf den Schienen orientierte. Es war einfach, sie musste nur den Gleisen folgen, und trotzdem war ihr unheimlich. Dieser Berg, der sich auf seiner Oberfläche wie toll gebärdete, war im Innern wie tot, von Ferne hörte man sein wütendes Toben, aber hier rührte sich nichts, nicht einmal eine Ratte lief ihr vor die Füße.

Der Weg war steil, sie rannte, bis sie nicht mehr konnte, die Luft ihr eisig in die Lungen schnitt, dann ging sie keuchend weiter. Drei Kilometer mochten es sein bis zur Station Eigerwand, drei Kilometer, die ihr unendlich lang vorkamen. Ein graues Licht in der Ferne, dann tauchte die Hütte des Streckenwärters auf. Sie schlug gegen die Türe, und nach wenigen Augenblicken stand der mürrisch dreinblickende Allmen vor ihr:

»Tee. Sie müssen Tee kochen.«

»Sind Sie wahnsinnig?«

»Sie sind noch in der Wand, sie sind da draußen«, schrie Luise.

»Wie sind Sie denn hierhergekommen?«

»Sie haben keinen Proviant mehr, sie müssen etwas Heißes trinken, machen Sie Tee.«

Allmen zog seine Jacke, Mütze und Handschuhe über und folgte ihr nach draußen an das Geländer. Luise brüllte aus Leibeskräften hinaus in die Nacht, gegen das unerbittliche Tosen des Windes, der ihr ins Gesicht peitschte.

»Das ist vollkommen sinnlos. Die sind irgendwo über der Roten Fluh, das ist Hunderte Meter weg. Wir sind hier fast am Rand der Wand.«

»Dann müssen wir zum Stollenloch«, antwortete Luise entschlossen und rannte los, ohne noch weiter auf Allmen zu achten.

21. Juli, 7 Uhr

Toni hatte Mühe, die Augen zu öffnen. Ein grelles Licht stach durch die Lider, aber auf seinem Kopf, seinen Armen und Beinen schien eine Zentnerlast zu liegen. Ich bin eingeschneit, erstickt, dachte er, und gleichzeitig fing er an zu atmen, hörte das Fauchen des Windes in der Ferne. Ich lebe noch, der Schnee hat mich gewärmt.

Sie saßen, wie sie eingeschlafen waren. Nur die Gesichter schauten aus der Schneedecke. Tonis Beine waren taub, die Durchblutung durch das Sicherungsseil abgeschnitten, aber auch seine Arme spürte er nicht mehr. Erfroren, dachte Toni, ich bin gelähmt, er versuchte zu schreien, bewegte die Unterarme. Die Finger schienen anfangs steif, ließen sich aber, unter giftigen Schmerzen, ein wenig krümmen. »Aufwachen«, schrie Toni. Er rüttelte an Andreas, dessen Haare unter der Mütze hervorstanden wie eine Dornenkrone, steif gefroren, voller Eiszapfen. Sein Gesicht war von großen hellen Blasen überzogen, die Erfrierungen waren noch nicht so weit fortgeschritten wie bei Angerer und Rainer, bei denen sich bereits Eiskristalle im Gewebe gebildet hatten.

»Ihr sollt aufwachen, wollt ihr wohl die Augen aufmachen?«

Toni hatte plötzlich Angst.

Er schlug auf Andreas ein, dessen Mund aufklappte.

»Andi! Andi!«

Er rüttelte ihn, klopfte auf seine Brust, zerrte an seinen Armen. Doch Andreas rührte sich noch immer nicht, sein Gesicht war eine schmerzverzerrte Fratze.

»Meine Beine«, sagte er.

»Wir müssen uns bewegen, steh auf!«

»Nur noch ein bisschen schlafen.«

»Wir erfrieren hier.«

»Bei dem Wetter können wir sowieso nicht klettern.«

Es stürmte noch, aber die Böen hatten an Kraft verloren.

»Es ist unsere einzige Chance.«

Toni rüttelte einen nach dem anderen, aber er brachte seine Kameraden nur mit Schlägen auf die Beine. Angerer jedoch konnte nur noch lallen. Er hob einen Arm. Ansonsten war er völlig bewegungsunfähig. Sie beschlossen, ihn im Biwaksack wie eine Mumie einzuschnüren und abzuseilen. Plötzlich hörten sie ein lautes Knirschen. Ein Schneebrett hatte sich gelöst und sauste auf sie herab. Der Schnee war weich, zerplatzte auf ihnen, zerrte an ihren Schultern.

»Wir müssen nur diesen senkrechten Riss schaffen, zwanzig Meter, dann sind wir am Quergang.«

Der Sturm hatte die ganze Wand in Bewegung gebracht. Aus den Rinnen schossen Lawinen, Eis, Schnee und Geröll. Es schien unmöglich, eine Route durch dieses Chaos zu finden. Toni hatte die Seile in der Nacht in seinem Biwaksack gewärmt, sie waren klamm und steif, aber nicht gefroren.

»Wir müssen den Quergang schaffen, bevor die Seile ganz hart sind. An der Depotstelle können wir im Notfall noch einmal biwakieren.«

Sie sahen sich an, alle wussten, dass sie ein weiteres Biwak nicht überleben würden, nicht bei diesem Sturm.

»Ich steige vor«, sagte Toni, »schafft ihr es, den Willy abzuseilen?«

Rainer und Andreas reagierten nicht.

»Wir können nicht mehr klettern«, sagte Andreas.

Toni zögerte. Wenn es so schlimm stand, gab es nur noch eine Möglichkeit.

»Dann müssen wir uns alle abseilen.«

Er gab dafür verschiedene Möglichkeiten, die jedoch alle sehr zeit- und materialaufwändig waren: am Doppelseil, im Dülfersitz oder mit Steigschlingen am einfachen Seil. Die sicherste Methode war, jeweils einen Sicherungshaken oberhalb im Fels zu lassen, aber das kostete je Seillänge einen Haken. Und sie hatten insgesamt nur noch elf Mauerhaken.

»Durch die ganze Wand? So viel Material haben wir nicht!«, schrie Andreas.

»Es ist unsere einzige Chance. Wir versuchen es. Ich bleibe oben. Edi, dich lassen wir zuerst hinunter, das ist weniger als eine Seillänge, wir holen das Seil ein, binden Willy an, und du holst ihn unten auf den Fels.«

»Ich will da nicht runter«, sagte Edi Rainer.

»Du musst«, schrie Toni.

»Nicht alleine.«

»Es gibt keine andere Möglichkeit.«

»Ich will nicht, lasst mich hier!«

Toni ging auf ihn zu, nahm ihn in den Arm, redete sanft auf ihn ein, drohte ihm schließlich, bis Rainer keine Kraft mehr hatte, sich zu wehren.

»Du musst dich nicht anstrengen. Wir binden dir eine Sitzschlinge und lassen dich hinunter.«

Toni und Andreas ließen das Seil, in dem Rainer hing, über ihre Schultern und durch die Finger laufen. Jeder Zentimeter brannte auf der Haut, schmerzte in den Muskeln. Sie verboten sich, daran zu denken, wie oft sie diese Arbeit wiederholen mussten. Immer nur auf den Augenblick konzentrieren, sagte Toni sich vor. Als Rainer sich aus der Sitzschlinge befreit hatte, holten sie das Seil ein, banden Angerer fest und seilten ihn ebenfalls ab. Dann Andreas, schließlich Toni, der das Seil abzog. Diese Methode war sicher, aber zeit- und kraftraubend, außerdem kostete sie jedes Mal mindestens einen Mauerhaken und einen Karabiner, die oben in der Wand blieben. Wie viele Höhenmeter konnten sie so überwinden? Toni war zu müde, um es auszurechnen.

Allmen führte Luise mit seiner großen Laterne durch den Tunnel. Sie kamen an eine schwere Holztür, hinter der ein enger Stollen begann, leicht abschüssig, so dass sie nur noch gebückt gehen konnten. Aber Allmens Nähe, seine schweigenden und sparsamen Verrichtungen beruhigten Luise. Sie würden Toni finden. Lebend. Der Stollen führte kerzengerade hinaus in die Wand. Wieder mussten sie eine schwere Holztür öffnen, die unter dem Druck des Windes in den Angeln ächzte. Allmen schlug mit einem Stein den verrosteten Riegel zur Seite. Kaum hatte er sie ein paar Zentimeter geöffnet, riss ihm der Sturm das Türblatt aus der Hand und schlug es krachend gegen den Fels. Eine eisige Welle drückte in den Stollen und spritzte Allmen und Luise Regen und Schnee ins Gesicht.

Luise schob sich an Allmen vorbei, trat aus dem Stollenloch und zog sich seitwärts an der Felswand entlang.

»Sie sind wahnsinnig!«, schrie Allmen.

»Geben Sie mir die Laterne!«

»Lassen Sie sich wenigstens anseilen!« Allmen legte ihr ein Seil um die Taille und machte einen Knoten.

Luise starrte in den Abgrund und suchte die Wand ab: kein Lichtschein, kein menschlicher Laut. Der Schein von Luises Laterne wurde von Schneegestöber und Finsternis verschluckt. Sie schwenkte die Laterne und schrie: »Toni! Andi! Hierher. Toni! Andi!«

»Das hat doch keinen Sinn«, rief Allmen, »bei dem Sturm hören sie uns nicht. Wir müssen es später wieder probieren.«

Luise schüttelte den Kopf.

»Ich bleibe hier.«

»Ich darf Sie hier nicht allein lassen.«

Doch Luise krabbelte auf allen vieren weiter und schrie immer wieder Tonis Namen.

»Sie bringen sich um. Die Wand ist vereist. Eine Bö, und wir stürzen beide ab.«

Allmen zerrte an dem Seil, um Luise hereinzuholen, die sich hartnäckig am Felsen festklammerte. Stück für Stück holte er sie heran und wurde immer wütender.

»Wenn Sie nicht Vernunft annehmen, schließe ich die Tür ab.«

»Ich bitte Sie! Lassen Sie mich hier.«

Allmen schüttelte den Kopf. Aber als er sich hinauslehnte, um die Tür zu greifen, war ihm, als hätte er etwas gehört.

»Ich habe Stimmen gehört«, schrie sie.

Allmen nickte.

»Das sind sie. Sie sind da!«, schrie Luise.

Sie kroch wieder hinaus, Allmen hielt sie mit dem Seil, und dann schrie sie aus Leibeskräften: »Toni, Toniiii, Tooooniiiiiii!«

»Stollenloch. Zum Stollenloch. Wo seid ihr?«, brüllte Allmen.

Die Antworten schienen von oben zu kommen. Sie klangen wie Jodeln, mehrere Stimmen, dann hörte man wieder einzelne Worte wie »Tee« und »Seil«. Es waren keine Hilferufe. Sie schienen nicht nur zu leben, sondern guter Dinge zu sein!

»Sie leben, sie leben alle, haben Sie das gehört!«

Luise zerrte an Allmen, nahm sein Gesicht in ihre Hände, sprang an ihm hoch wie ein Hund.

»Die werden gleich da sein, wir gehen derweil Tee kochen«, sagte von Allmen.

»Ich warte hier«, sagte Luise.

»Aber Sie gehen da nicht mehr allein raus!«

Luise nickte.

Allmen winkte ab und ging.

Arau hatte gerade am Frühstückstisch Platz genommen, als der Ober herbeieilte und die Gäste informierte, dass man Stimmen in der Wand gehört habe.

»Hilferufe?«

Der Ober zuckte mit den Achseln.

Arau stand auf, um hinaufzugehen und Luise zu unterrichten, doch ihr Zimmer war leer. Arau war sofort klar, dass Luise in die Wand gestiegen war.

»Ich brauche einen Bergführer, sofort«, sagte er an der Rezeption. Die Nachricht, dass die Bersteiger lebten und offenbar in Hörweite waren, hatte sich schnell unter den Gästen verbreitet. Die Tapfersten zogen warme Sachen an, trotzten dem Einspruch ihrer besorgten Frauen, hielten ihre Hüte fest und kämpften sich hinaus auf die Terrasse.

Die vier Kletterer waren wie elektrisiert, als sie Luises Stimme hörten. Das Stollenloch! Warum hatten sie nicht gleich daran gedacht! Sie schrien und jubelten, lachten, weinten. Plötzlich hatten sie wieder Kraft in den Gliedern, spürten nicht einmal die Kälte mehr. Sie hatten geglaubt, noch Hunderte Höhenmeter vom Wandfuß entfernt zu sein, und jetzt waren sie so gut wie gerettet: Stimmen, seit vier Tagen die ersten menschlichen Stimmen!

Toni lachte wie irre.

»Was gibt es denn zu lachen?«, schrie Andreas gegen den Wind an.

»Weißt du, dass wir morgen Dienst haben?«

»Na dann, nichts wie in den Stollen!«

Selbst Rainer arbeitete wieder mit, und Angerers Augen strahlten.

»Wir müssen über den Quergang, darunter ist das Stollenloch«, sagte Toni.

Sie kamen an den Fuß des Risses und starrten auf die Platte, die Andreas beim Aufstieg so bravourös gemeistert hatte.

Man sah nur die ersten Meter der gigantischen Platte, dann verschwand alles in weißen Schneewirbeln. Der unwahrscheinliche Fall war eingetreten: Sie waren umgekehrt und mussten bei ihrem Rückzug über dieselbe Stelle. Die Erkenntnis traf sie wie ein Schock. Toni dachte an das Seilende, das in Windeseile aus der Hakenöse gerutscht, in die Tiefe gefallen und dann wieder zu ihnen hoch getanzt war, während Andreas es aufwickelte. Es war eine Selbstverständlichkeit gewesen, dass sie das Quergangsseil mitnahmen. Je mehr Seil man bei sich hatte bei einer Tour, desto sicherer war man. Angerer lachte hysterisch:

»Er hat es abgezogen, er hat das Seil abgezogen.«

»Halt die Schnauze«, brüllte Rainer ihn an. Sie blickten schweigend in das Flirren des Schnees.

»Das Seil ist weg, das Seil ist weg«, kreischte Angerer in einem höhnischen Singsang.

»Halt endlich das Maul«, schrie Rainer. »Wir bräuchten hier kein Seil, wenn du nicht schlappgemacht hättest.«

Toni zwang sich, ruhig zu bleiben und nachzudenken. Auf den letzten Metern hatten sie vier Haken und zwei Karabiner verbraucht. Eines ihrer Seile war von einer Felskante fast komplett durchtrennt worden und unbrauchbar. Blieben noch drei lange und zwei kurze Seile, außerdem sechs Mauerhaken.

»Unser Material reicht noch. Wir können zwei lange Seile zusammenbinden, das dritte spannt Andi als Geländerseil, wir sichern uns mit den kurzen Resten.«

»Dann müssen wir uns ungesichert hinüberhangeln, das ist Wahnsinn«, schrie Rainer.

Angerer lachte so schrill, dass Toni der Geduldsfaden riss. Er schüttelte Angerer in seinem Biwaksack:

»Sei still, hör auf damit!«

Fast hätte er ihn geschlagen, aber er erschrak über dessen geschwollenes Gesicht. Wie bei einem Leprakranken fraß sich die Schwärze durch das Gesicht, hatte nach Ohren und Nase auch Stirn, Kinn und Wangen befallen. Andreas starrte in das Schneetreiben und sagte kein Wort.

»Du hast es einmal geschafft, du schaffst es auch ein zweites Mal«, schrie Toni ihn an und fing an, die langen Seile zusammenzubinden.

»Die Platte ist total vereist, das ist unmöglich«, antwortete Andreas.

»Du kannst es, ich setze dir den Haken weiter rechts, dann musst du nicht so weit schwingen«, antwortete Toni.

Der kleine Quergang oberhalb der Platte nahm eine ganze Stunde in Anspruch, und als Toni und Andreas zurückkamen, hing Angerer unbeweglich in seinem Biwaksack an der Wand, Rainer saß daneben und schien zu schlafen.

»Wacht auf!«, schrien Andreas und Toni.

Rainer zuckte zusammen: »Ihr lasst uns hier verrecken, zwei Tage haben wir gewartet.«.

»Eine Stunde, wir waren eine Stunde weg«, sagte Andreas.

»Ihr wolltet euch aus dem Staub machen, ihr wolltet uns hier einfach verrecken lassen«, heulte Rainer. Er war inzwischen so entkräftet, dass sein Wahrnehmungsvermögen getrübt war.

Toni band sich an Rainer und schlang sich das Sicherungsseil um Schulter und Hüfte. Aber Andreas sprang nicht.

»Was ist?«

»Ich sehe etwas, da bewegt sich etwas im Schnee.«

»Wo denn?«

»Über der Platte! Siehst du den dunklen Schatten, da ist jemand.«

Toni blickte suchend über die Wand und schrie gegen den Wind an. Niemand antwortete. Andreas zitterte, er hatte Angst. Er klammerte sich an Toni fest, doch dieser gab ihm einen Stoß.

»Da ist niemand, du siehst Gespenster. Drüben gibt es Tee!«, schrie Toni, der plötzlich wieder Hunger und Durst spürte und sich vorstellte, wie die Retter sie am Stollenloch mit einem großen dampfenden Kessel erwarteten. Doch da war Andreas verschwunden. Der Ruck kam früher als erwartet, das Seil rutschte ein Stück durch Tonis Hände, zog ihm einen Handschuh ab, schnitt ins Fleisch. Der Schmerz war heiß und ging bis auf die Knochen, Toni brüllte. Der

Handschuh, in den seine Großmutter dieses dümmliche Rentiermuster gestrickt hatte, trudelte in die Tiefe. Aber Toni musste das Seil halten, die Finger schließen, wie um eine Messerklinge, die sich in sein Fleisch arbeitete, und einen Stromschlag nach dem anderen in die Schulter jagte. Andreas pendelte immer wieder vor und zurück, verzweifelt versuchte er sich mit Händen und Füßen in die Wand zu krallen, doch er fand nirgends Halt, nicht einmal mit dem Kletterhammer.

Toni sah Rainer an. »Wir müssen ihn wieder hochziehen.« Doch Rainer weigerte sich, ihm zu helfen.

»Das ist doch sinnlos«, schrie er, und fuchtelte mit der rechten Hand herum.

»Fass mit an!«, brüllte Toni ihn an, »sonst schlag ich dich tot.«

Rainer griff, wieder mit der rechten Hand, nach dem Seil.

»Du sollst richtig anfassen!«

Rainer starrte Toni an. Dann sah er an sich hinunter, fasste an seinen linken Arm und hielt inne. Sie begriffen im selben Moment, während Andreas aus der Tiefe hoch brüllte:

»Ich kriege keine Luft mehr, holt mich hoch!«

»Mein Arm ist erfroren, ich habe den Arm verloren«, heulte Rainer.

»Du musst ihn bewegen, er ist nur taub. Beweg ihn!«

Rainer fing an, auf seinen Arm zu schlagen, er klemmte ihn zwischen die Knie und drehte den Oberkörper, doch der Arm blieb reglos.

»Schau dir die Finger an!« Rainer deutete auf den schwarzen unförmigen Klumpen, der einmal seine Hand gewesen war.

Wieder knirschte es über ihnen. Es war eine kleine Lawine, die Angerer in seinem Biwaksack verschüttete. Toni schaufelte mit seinen Händen dessen Kopf frei, der Schnee färbte sich blutrot, doch Angerer lebte. Er hustete und spuckte den Schnee aus.

»Hilf mir!«, schrie Toni Rainer zu, und gemeinsam holten sie Andreas hoch. Noch einmal versuchte Andreas, über die Platte zu pendeln, damit sie den Quergang wiederholen konnten. Aber selbst wenn er noch so viel Kraft gehabt hätte wie vor drei Tagen – auf der eisglatten Wand war es aussichtslos.

»Da unten ist das Stollenloch, das sind vielleicht hundert Meter, wir sind gerettet, wir müssen nur da runter, es gibt nur eine Möglichkeit: kerzengerade abseilen und weiter unten queren, irgendwie«, schrie Toni.

Rainer schaute in den grauen Abgrund, in die Wolken und Dunstgebilde, die von Steinen und Eisbrocken durchlöchert wurden.

»Das Stollenloch ist weiter rechts, das weißt du genau. Es ist sinnlos. Wenn uns keine Lawine erwischt, hängen wir an einem Überhang fest und kommen nicht an die Wand zurück.«

»Wir schaffen es irgendwie. Wenn wir sicher am Seil hängen, können wir schwingen.«

Rainer lachte spitz.

»Die Mühe spare ich mir, lieber sterbe ich hier.«

Er band sich eine Sitzschlinge und setzte sich in die Wand.

»Du kommst mit!«, schrie Toni, »du wirst den Willy nicht einfach hier verrecken lassen, nur weil du zu faul bist zum Absteigen.«

»Ich bin fertig.«

»Du bist feig und faul«, schrie Toni. »Andi, sag doch was, das schaffen wir, du weißt es!«

Toni schaute Andreas an und dann den Abhang hinunter. Im Grunde hatte Rainer recht. Es war selbstmörderisch. Der Abstieg war extrem schwierig, voller Überhänge, denn das Stollenloch lag zurückgesetzt in der Wand. Wie schnell hing man an einer solchen Stelle frei in der Wand am Seil und kam nicht wieder an den Berg zurück, die Gefahr, dass ein Steinbrocken einen traf – diese Vorstellung ging selbst über seine Kraft.

Toni hörte Luises Stimme. Er konnte jetzt nicht aufgeben, ein paar Meter vor dem Ziel. Plötzlich fiel ihm sein erster Rettungseinsatz ein, als man ihn, mit der Gruppe Berchtesgaden, auf das Halsköpfl gerufen hatte. Im Sturm hatte sich ein Wanderer verirrt. Drei Tage und zwei Nächte lang suchten sie im Fels, riefen, setzten Signalraketen, durchkämmten jeden Hang, bis es keine Hoffnung mehr gab. Der Mann war abgestürzt oder erfroren, sonst hätte er die Retter längst gehört. Da fanden sie ihn, halb erfroren und delirierend, in einer kleinen Höhle. Der Anblick dieses zusammengekauerten, zitternden, verwahrlosten Bündels, über dessen irren Blick sich plötzlich ein Glanz legte, weil er Menschen sah, war vielleicht der schönste Moment in Tonis Leben gewesen. Er hatte insgesamt zwölf Einsätze mitgemacht, seit er vor einem halben Jahr die Prüfung bestanden hatte, nur drei Mal waren sie machtlos gewesen. Dies hier würde nicht das vierte Mal sein.

»Ich steige vor. Wenn es gar nicht geht, zieht ihr mich wieder hoch«, sagte Toni.

Andreas nickte. Jedenfalls hatte er den Kopf bewegt, was Toni als Zustimmung wertete. Ob er im Notfall die Kraft haben würde, Toni wieder hochzuziehen?

Richard Siebenwurst saß in dem kleinen Büro der Bergwacht München und starrte auf das Telefon. Er hatte eben von der

Tragödie am Eiger erfahren und sofort seine besten Männer zusammengerufen. Zu acht saßen sie in dem kleinen Raum und debattierten. Sie alle hatten ihre Arbeitsplätze und Familien verlassen. Aber wofür? Horst Waldner, ein fünfundzwanzigjähriger Schlosser aus Pasing, rief: »Ich kenn den Toni, am Hochkönig letztes Jahr, da hat er diesen Arzt aus München fast im Alleingang aus dem Berg geholt.«

Es wurde geschimpft und geschrien. Die Männer waren wütend. Sie saßen hier in einem verqualmten Büro fest und warteten vergeblich auf das Flugzeug, während ihre Kameraden in der Wand einen Wettlauf gegen die Zeit verloren.

Siebenwurst, der sich aus den Lehrgängen der Bergwacht an Toni Kurz erinnern konnte, an dessen bescheidene Art und sein besonderes Talent, versuchte die Gemüter zu beruhigen. Er rief immer wieder in den Ministerien an und erfuhr schließlich, dass sich ein gewisser von Manning in Berlin nicht entschließen konnte, ein Flugzeug zur Verfügung zu stellen.

Siebenwurst ließ sich mit von Manning verbinden, der ihn zum wiederholten Mal abwimmeln wollte.

»Das sind Deserteure«, sagte von Manning kalt.

»Es sind unsere Kameraden. Und wenn sie nicht unverzüglich für eine Maschine sorgen, komme ich persönlich nach Berlin …«

»Ich glaube, Sie wissen nicht, mit wem Sie sprechen«, sagte von Manning.

»Es kann nur ein hirnloser Bürokrat sein.«

Von Manning fiel keine passende Replik ein. Er dachte an den Garten seiner Villa, in dem er höchstpersönlich die Pflanzen setzte, an seine Frau, der er eine Spritze gegen ihre Schmerzen geben musste, und an seinen bevorstehenden Ruhestand. Sollten sie ihm doch alle gestohlen bleiben.

»Es geht hier um Prinzipien«, sagte er fast lustlos.

»Es geht um vier Menschenleben. Und wenn Sie sich weiter quer stellen, verspreche ich Ihnen, dass ich Ihnen Ihren preußischen Betonschädel zurechtrücken werde.«

21. Juli, 11 Uhr

Luise wartete. Aus der Wand kamen immer wieder Schnee- und Steinlawinen, und immer wieder schrie sie: »Wo seid ihr?«

Manchmal meinte sie, eine Antwort zu hören, aber es konnte auch einfach der Wind sein, der sich in einem Riss oder einem Kamin wie in einer langen Orgelpfeife fing.

Dann herrschte plötzlich Stille. Einen Moment lang schien der Berg Atem zu schöpfen. Oder schlug tatsächlich das Wetter um? Nein, der Wind setzte wieder ein, schwächer jetzt, es klarte auf, doch dann ballten sich wieder Wolkenbänder zu finsteren Hängen, die sich gegen den Fels warfen. Luise robbte hinaus, schrie, bis ihr die Stimme versagte, doch es kam keine Antwort mehr.

Und wenn sie vorbeigeklettert waren? Sie rannte durch den Stollen, zu Allmens Verschlag.

»Und, in welcher Verfassung sind sie?«, fragte dieser.

»Ich weiß es nicht, sie sind noch nicht da.«

»Das kann nicht sein.«

Allmen schaute auf seine Wanduhr, deren Pendel träge hin und her schwang. Er runzelte die Stirn.

»Dann ist etwas passiert.«

»Bitte helfen Sie mir, kommen Sie mit.«

Allmen nickte, schüttete zwei Liter Tee in eine Kanne und packte sie in einen Beutel. Sie hatten kaum die Tür zum Stollen erreicht, als sie eine Stimme hörten.

»Luise«, rief jemand. Sie schaute Allmen an. Für einen

Augenblick bildete sie sich ein, es wäre Tonis Stimme, merkwürdig verzerrt zwar ..., doch die Rufe kamen nicht aus der Wand, sie kamen aus dem Inneren des Berges.

»Hier bin ich«, rief Luise, aber es kam nur ein Krächzen heraus.

»Sind Sie wahnsinnig geworden?«

Es war Arau, der mit hochrotem Kopf durch den Tunnel stapfte.

»Sind die Retter unterwegs?«, fragte Luise. »Vielleicht brauchen sie gar nicht mehr einzugreifen.«

»Welche Retter?«, fragte Arau.

»Die Bergwacht aus Alpiglen, und die Münchner. Sie wollten doch ein Flugzeug anfordern!«

»Ich weiß nicht. Wo sind die vier?«

»Herr Arau,« sagte Luise scharf. »Haben Sie noch einmal bei der Bergwacht angerufen!?«

»Da hat man es auch nur mit Bürokraten zu tun.«

»Kommen sie, oder kommen sie nicht?«

Jetzt schaltete sich Allmen ein:

»Sie müssen noch ein Stück über dem Stollenloch sein. Aber wir haben seit Stunden keinen Kontakt mehr zu ihnen.«

»Sie meinen, Sie sind abgestürzt?«

Allmen zuckte die Achseln.

»Vielleicht hängen sie verletzt im Seil und haben nicht mehr genug Kraft, um weiterzuklettern.«

Allmen zog die Tür zum Stollen auf, Luise folgte ihm, dann Arau.

»Hier.« Arau knuffte Luise in die Rippen, mit der Retina.

»Was soll ich jetzt damit?«, fragte sie.

»Na, was wohl? Wozu sind Sie denn hier?«

Allmen stolperte über einen Steinbrocken und fluchte, das Licht der Laterne zuckte über die Stollenwände.

Arau hielt Luise wieder die Kamera vors Gesicht.

»Wofür halten Sie mich? Meinen Sie, ich bin hier, um Bilder zu machen?«, fauchte Luise.

Arau blieb stehen und wog die Kamera in der Hand.

»Sie wissen, worauf Sie da vielleicht verzichten?« Er tippte sich an die Nase. »Sollte ich mich doch in Ihnen getäuscht haben?«

»Das hoffe ich«, sagte Luise, schloss schnell zu Allmen auf und nahm ihm den Beutel mit der Blechkanne ab.

Das Seil endete unter einem Überhang. Toni hing tatsächlich frei in der Luft, zwei, drei Meter von der Wand entfernt, während die Stein- und Eisgeschosse hinter ihm in die Tiefe jagten. Der Sturm zerrte an ihm, blies ihm die Schneekörner ins Gesicht, auf seine geschwollenen Wangen. Toni lehnte sich nach hinten. Wie ein Kind auf der Schaukel legte er sich ins Seil und schwang hin und her, bis er an die Wand schlug. Er krallte die Finger in den Fels, rutschte ab, stieß sich mit den Füßen ab, um mehr Schwung zu bekommen – aussichtslos. Der Fels war zu glatt, es gab keinen Stand, nicht einmal einen Griff. Aber weiter oben, da war eine kleine Nase, drei Finger breit, daneben eine Einbuchtung im Fels.

»Zieht mich einen Meter hoch«, brüllte Toni, »hochziehen!«

Ein Ruck ging durchs Seil, dann rutschte er abwärts.

»Höher, hochziehen, nicht runter, ihr Idioten«, schrie er.

Über sich hatte er die Felsplatte, die Kameraden waren verdeckt. Nichts geschah.

»Hochziehen, ihr müsst ziehen, verdammt!«

Doch es kam keine Antwort. Völlige Stille, nur der Sturm jaulte, und in regelmäßigen Abständen kollerten Eisbrocken herab. Toni wurde panisch. Was war da los?

Hatten sie aufgegeben? Plötzlich ging ein Ruck durchs Seil, und jetzt zogen sie ihn endlich höher. Das Hanfseil scheuerte über die Felskante, eine Litze riss. Toni sah es nicht, er geriet ins Pendeln und nahm den Schwung mit.

»Noch einen halben Meter!«, brüllte er und lehnte sich wieder zurück. Ein Stein zischte an seinem Schädel vorbei, aber Toni achtete weder auf den Steinschlag noch auf den Abgrund unter sich. Er prallte gegen die Wand und griff nach der Nase. Sein ganzes Gewicht hing an diesen Fingern. Unter normalen Umständen wäre das ein Kinderspiel gewesen, das Seil war vielleicht um zwanzig Grad aus der Vertikalen ausgeschert, aber an den drei Fingern schien die ganze Seilschaft zu hängen. Toni zog sich langsam heran, sein Arm zitterte, seine Finger verkrampften sich, er keuchte, seine Füße suchten nach einem Tritt, jetzt schaute er doch nach unten, Himmel hilf!, nur Luft, Leere, seine Füße zappelten, die Finger waren steif, er griff auch mit der anderen Hand, aber die war eingefroren, der Arm zitterte, der Muskel im Unterarm war steinhart.

Man muss beim Klettern immer in Bewegung bleiben. »Knebel« nennt man die Pattstellung, in der es weder vor noch zurück geht, wo einen sofort die Kräfte verlassen, weil der harmonische Wechsel von Be- und Entlastung verloren gegangen ist und die Muskeln sich verhärten.

»Leck mich doch«, schrie Toni und erwischte mit dem rechten Fuß einen Tritt, hing jetzt schräg in der Wand, tastete blind mit dem linken Fuß über die Wand, fand Halt, rutschte ab, suchte weiter, fand noch einen Tritt, der hielt: Er war auf einem kleinen Stand in einer winzigen Höhle, vielleicht dreißig Zentimeter tief. Ein Wunder: eine kleine Höhle, eine bombensichere Stelle.

Er brüllte:

»Hier sind wir sicher! Nachkommen! Zuerst Andi!«

Andreas' Beine erschienen über der Kante, und Toni zog ihn zu sich auf den Stand. Trotz des Steinschlags kein Problem, er musste nur vermeiden, in die Tiefe zu schauen. Nach wenigen Minuten stand er neben Toni.

Der Stein- und Eisschlag wurde immer schlimmer. In unablässiger Folge prasselten die Brocken herab, die kleinsten nur in Kieselgröße, doch die größten konnten einen erwachsenen Mann sofort erschlagen.

»Holt uns runter, verflucht!«, schrie Edi Rainer.

»Zuerst Willy«, antwortete Toni, als sich plötzlich ein Schatten über die Wand legte. Ein Rumpeln und Poltern war zu hören, gefolgt von einem Zischen wie Maiskörner in einem Stahlsilo, Rainer stieß einen gellenden Schrei aus.

Und dann ging alles rasend schnell. Die vier Bergsteiger waren in diesem Moment durch jeweils ein Seil verbunden. Ein Haken über der Platte, fachmännisch in einen Riss getrieben, sorgte für die Sicherung. Der Haken hätte eine Tonnenlast gehalten. Weniger zuverlässig waren die Seile. Bei einem Sturz von einigen Metern konnte ein Hanfseil, noch dazu wenn es durch Abrieb, Nässe und Frost lädiert war, spielend leicht reißen. Doch auch die Seile hielten.

Rainer hatte die Lawine kommen sehen und versucht, Angerer aus der Rinne zu zerren und sich gegen den Fels zu pressen, doch ein Brocken traf Rainer am Kopf, machte ihn benommen, ein Schwall kleinerer Steine staute sich zwischen seinem Körper und dem Fels. Wie ein Keil trieb sich das Geröll zwischen ihn und die Wand, bis er fiel und im Stein- und Eishagel Angerer mitriss.

Andreas und Toni sahen, wie die beiden Körper in der Steinlawine über die Kante schossen. Toni hatte die Situation sofort begriffen, das Gewicht würde sie beide aus dem Stand reißen, er musste die Verbindung kappen. Er zückte sein Messer, doch ehe er an Andreas' Hüfte kam, spannte sich das Seil, das locker vom Überhang hing, wie eine Gitarrensaite. Zischend lief es aufwärts durch die Öse des Sicherungshakens. Die Körper von Rainer und Angerer rasten in die Tiefe, Andreas flog nach oben und krachte von unten gegen die Platte, wurde über die Kante gezogen und rutschte bis an den Sicherungshaken. Ein Ruck ging durchs Seil, alles kam zum Stillstand. Toni war wie gelähmt. Warum stand er noch da? Natürlich: das Seil, das ihn mit Andreas verband, war lang genug, der Sicherungshaken war weniger als eine Seillänge entfernt. Das Seil hing schräg nach oben, lief über die Kante, zuckte in den Sturmböen.

»Andi!«, schrie Toni. Er konnte seinen Kameraden nicht sehen, aber er wusste, dass dessen Brust im Seil gefangen war. Und das Gewicht zweier Körper zog die Schlinge zu.

»Andi!«

Keine Antwort. Toni versuchte, die Schlinge zu entlasten und Andreas herunterzuziehen, doch seine Kräfte reichten nicht aus. Selbst wenn er sich mit dem ganzen Gewicht daran hängte, würde die Reibung des Hanfseils in der Öse verhindern, dass sich das Seil bewegte.

»Du musst dich abschneiden! Ich halte dich mit meinem Seil.«

Willy Angerer hing beinahe vor Tonis Augen, Edi Rainer eine Seillänge tiefer. Beide staubgrau, bewegungslos. Von Andreas war nur ein Röcheln zu hören. Er schien sich nicht losschneiden zu können. Also musste Toni zu ihm. Aber wie? Er suchte den Fels ab, suchte nach einem Weg, um auf den Überhang zu kommen. Da polterte es wieder, kleine Steine schossen über die Kante und kündigten eine größere Lawine an, die sich wenige Sekunden später über die Leichen von Angerer und Rainer ergoss, das Seil ächzte und riss, Andreas war frei.

Die beiden leblosen Körper waren kaum in der Tiefe verschwunden, da erschienen Andreas' Beine, dann der Oberkörper, die Arme, die in der Luft nach Halt suchten. Toni stand starr. Seine Reflexe, auf die er sich in Extremsituationen verlassen konnte, diese traumwandlerische Sicherheit, mit der er sich durch Gefahrenzonen bewegte, waren einem Schockzustand gewichen. Toni sah plötzlich Andreas' federnden Schritt, den beschwingten Aufbruch aus dem Zelt am Wandfuß, das Mondlicht, die gleichmäßige Energie, die durch ihre Körper geflossen war. Nie waren sie glücklicher gewesen, nie besonnener.

Dann das Zusammentreffen mit Angerer und Rainer, es war unvermeidlich gewesen. Wenn sie nur die Anderen gewarnt hätten, wenn nur der Stein nicht ausgerechnet den Kameraden getroffen hätte …

Andreas schoss über den Überhang und fiel ins Leere. Andreas streckte die Arme aus, wollte von Toni gehalten werden, doch zwischen ihnen waren drei, vier Meter Abstand. In Andreas' Augen stand nur panische Angst, oder war er gar nicht mehr bei Bewusstsein? Hatte sein Kopf sich im Fallen nur zufällig Toni zugewandt?

Toni war gesichert, konnte aber ebenfalls vom Seil erwürgt werden. Er griff mit beiden Händen in das Seil, das ihn mit Andreas verband, holte es ein Stück ein, um Spiel zu haben, ging in die Knie und versuchte, sich auf den Zug einzustellen.

Sie hatten diese Situation tausendfach trainiert, aber die Bedingungen in der Wand konnte man nicht vorwegnehmen. Einmal war Andreas – es war erst ihre zweite gemeinsame Tour, vor gut zwei Jahren, gewesen – am Hochkranz völlig unvermittelt abgestürzt. Sie hatten nur wenige Sicherungen geschlagen, Andreas war im Vorstieg, plötzlich ein Schrei. Toni sah das Bild vor sich, dieses schwarze Bündel, das da vor dem hellen Fels, im grellen Licht, durch die Luft raste, genau auf Toni zu. Sollte Toni versuchen, Andreas' Körper abzufangen, oder sich aus der Falllinie bringen? Er entschied sich für die eigene Haut, hatte aber, als der Ruck durchs Seil ging, noch keinen Halt. Er schlug mit dem Kopf gegen den Fels. Die Folge war eine leichte Gehirnerschütterung, aber Toni warf sich immer wieder vor, dass er instinktiv zuerst an sich gedacht hatte. Ein Bergretter musste zur Not auch das eigene Leben aufs Spiel setzen.

Das Seil zog mit einer solchen Wucht, als hätte man es mit einer Harpune abgeschossen. Es raste durch Tonis Fäuste, schnitt tief ins Fleisch und schlug wie eine Eisenstange auf sein Schlüsselbein, das mit einem Knacken nachgab. Toni wurde umgerissen und fiel auf den Fels.

»Andi!« schrie Toni. Er lag bäuchlings auf dem Stand, das Seil presste ihn nieder. Der Freund hing wenige Meter unter ihm, er sah, wie das Blut aus seinem Mund schoss. Aber er bewegte sich.

»Andi! Andi! Ich hol dich rauf.«

Toni konnte kaum sprechen, denn das Seil lag wie eine Tonnenlast auf ihm und quetschte seinen Brustkorb, schnürte ihm die Luft ab. Toni griff in das Seil, versuchte für Entlastung zu sorgen, aber seine Arme waren zu schwach. Dann versuchte er, in den Liegestütz zu kommen und sich irgendwie aus dem Seil zu winden, aber das Schlüsselbein stach, wann immer er die Muskeln anspannte.

Andreas bewegte einen Arm. Ein Winken? Er starrte nach oben, ins Nichts. Plötzlich erkannte Toni das Messer in Andreas' Hand. Er wollte sich doch nicht abschneiden! »Nein, Andi, ich hole dich rauf!«

Andreas schien den Kopf zu schütteln.

Toni flehte: »Andi, tu es nicht, wir schaffen es. Du darfst mich hier nicht im Stich lassen.«

Plötzlich ließ die Spannung im Seil nach, Andreas verschwand lautlos in den Wolken. Der Wind fauchte, Schnee stäubte aus den Felsen, unter dem Überhang lag Toni sicher. Aber er ertrug diese Wand nicht mehr. Andreas hatte ihn nicht einmal gegrüßt, ihm nicht einmal mehr einen Blick zugeworfen. Toni wollte nicht allein sein.

Er schrie, nach Edi und Willy, nach Andreas. Sie konnten ihn doch nicht alle verlassen haben. Er brauchte jetzt einen Gefährten, einen Freund, irgendjemanden. Wie oft hatte er Andere herausgehauen, und jetzt, da er einmal auf einen Mitmenschen angewiesen war … Wenigstens Andreas' Leiche musste er finden! Er konnte sie nicht diesem Berg überlassen, diesem Ungeheuer, das gefühllos alles zermalmte!

Luise erschauderte. Sie hatte Andreas' Schrei gehört, als er fiel. Sie wusste, dass etwas Furchtbares geschehen sein musste. Aber was? Sie rief zurück, es kam keine Antwort. Allmen stand neben ihr und schwieg. Er fuhr sich mit seiner groben Hand über das zerfurchte Gesicht.

»Was ist passiert?«, fragte Luise ihn, »was ist los?« Sie rüttelte an ihm.

Woher sollte er das wissen?

»Jetzt tun Sie doch was!«

Doch Allmen stand nur da und schaute auf seinen Beutel mit dem Tee, der allmählich abkühlte.

Luise starrte hinaus, konnte in dem Schneegestöber aber kaum etwas erkennen. Nur Geröll und Eis, das die Wand hinunterpolterte.

»Toni! Andi!«, schrie sie.

»Hier! Hierher!«, kam es zurück. »Hilfe! Holt mich hier heraus.«

»Wo seid ihr?«, fragte Luise.

Luise tastete sich auf den Vorsprung.

»... allein!«, kam es zurück.

Luise war glücklich und erschrocken zugleich. Zuerst dachte sie, die vier hätten sich getrennt, würden verschiedene Routen gehen, doch dann hörte sie: »... abgestürzt.«

»Wer?«

Sie verstand die Antwort nicht. Wer hing da am Seil?

»Toni, Toni!«, schrie sie, und Toni antwortete:

»Ja!«

Da war sie, seine Stimme. Toni, es war tatsächlich Toni. Luise fiel auf die Knie. Allmen schrie hinaus in die Wand:

»Was ist passiert?«

»Abgestürzt, alle tot. Ich bin allein.«

»Kannst du zu uns herunterkommen?«

»Nein!«

Die Verständigung wurde immer schwieriger, die Wand tobte, unablässig stiebte Schnee in ihre Gesichter, verklebte Augen, Nase, Mund, der Sturm hatte sich in ein jaulendes Ungeheuer verwandelt, das an ihnen zerrte. Jeder Schritt auf dem schmalen Vorsprung, der tausend Meter über dem Wandfuß lag, war lebensgefährlich. Doch Luise musste weiter, zu Toni, der so nah war und doch so unerreichbar. Nach langem Hin und Her verstanden Luise und Allmen, dass Toni weder Seil noch Haken hatte.

»Ohne Seil kann er nicht runter, es gibt keine Tritte, keinen Halt in der Wand«, rief Allmen gegen den Wind.

»Wir müssen Hilfe holen«, schrie Luise.

Allmen schüttelte den Kopf.

»Bei dem Wetter geht niemand da raus.«

Allmen kehrte in den Stollen zurück. Luise folgte ihm. Wie konnte der Alte nur so hartherzig sein?

Sie weinte und flehte ihn an.

»Er stirbt, Sie müssen Hilfe holen.« Allmen ließ sich

nicht erweichen, aber er versprach, dass er am Stollenloch bleiben und den Kontakt zu Toni halten, mit ihm reden würde, damit dieser nicht aufgab.

21. Juli, 14 Uhr

Im Hotel war es still wie in einer Kirche. Am Vormittag waren zahlreiche Gäste abgereist, und jetzt ruhten die meisten auf ihrem Zimmer nach dem schweren Mittagessen. Im Salon wurde geraucht, Schach gespielt, Zeitung gelesen. Draußen heulte der Sturm, drinnen knackte das Kaminfeuer, manchmal raschelte Zeitungspapier, ein Leser räusperte sich. Der Portier bedeutete Luise mit einer stummen Geste, sie solle in den Speisesaal gehen. Es war bereits für den Abend eingedeckt, nur ein Tisch war besetzt. Die Rubi-Brüder Adolf und Christian und Schlunegger saßen in Bergstiefeln und Cordhosen, mit nassen Haaren, finsterer Miene da und löffelten eine Suppe.

Arau war nirgendwo zu sehen.

»Bitte, Sie müssen es versuchen«, sagte Luise.

Keiner antwortete.

»Warum sind Sie dann überhaupt hier heraufgekommen, wenn Sie nicht helfen wollen?«

»Sobald es möglich ist, probieren wir es. Im Moment ist es unmöglich«, sagte Schlunegger, Luises Blick ausweichend.

Luise sah von einem zum anderen. Die Männer, denen man das entbehrungsreiche Leben in den Bergen ansah, starrten vor sich hin, Adolf Rubi blies auf seinen Löffel und schlürfte dann die Suppe. Das Pendel der Standuhr schwang unendlich langsam hin und her, das Ticken ging im Geheul des Sturmes unter. Im Salon lachte jemand auf.

Luise hätte aus der Haut fahren mögen. Das waren doch Bergretter! Wie konnten sie jetzt Suppe essen?

»Sie können ihn doch nicht einfach da umkommen lassen.«

»Wir haben alle Frauen und Kinder«, sagte Christian Rubi mit einem schwachen Lächeln.

»Sie brauchen nicht zu klettern, er ist direkt am Stollenloch.«

»Direkt am Stollenloch?«

Adolf Rubi hielt inne und legte den Kopf etwas schräg.

»Und warum kommt er dann nicht aus der Wand?«

»Er hat kein Seil und keine Haken mehr, er braucht ein Seil.«

Die drei schauten einander an.

»Direkt am Stollenloch ist er also?«

Luise nickte. Plötzlich war Leben in die Retter gekommen, sie standen auf, schlüpften in ihre Jacken, setzten die Hüte auf, schulterten die Seile und stapften los. Als sie an der Rezeption vorüberkamen, rief Schlunegger dem Portier zu, er solle bei der Jungfraubahn anrufen und einen Sonderzug anfordern.

21. Juli, 14.30 Uhr

Am Stollenloch schrie Allmen noch immer hinaus in die Wand. Er begrüßte die Bergführer mit einem Kopfnicken und sagte:

»Nur noch einer lebt, er hat sich in die Wand gebunden.«

»Verletzt?«, fragte Adolf Rubi.

»Anscheinend nicht.«

Rubi ließ sich von seinem Bruder sichern, hielt sich am Fels fest und wagte sich in vorsichtigen Trippelschritten hinaus auf den Absatz. Der Wind zerrte an seinem Hut.

»Ich sehe ihn nicht!«, schrie er.

»Es gibt nur Rufkontakt«, sagte Allmen.

Rubi schrie hinaus, Toni antwortete. Und da begriff Rubi, wie groß der Abstand war: Mindestens fünfzig Meter. Von wegen: direkt am Stollenloch. Er kam wieder in den Stollen und schaute Luise durchdringend an.

»Da draußen ist ein Band«, sagte sie. »Sie können zu ihm.«

»Die Wand ist total vereist, da kann man nicht klettern.«

»Ich flehe Sie an.«

Luise fiel ihm um den Hals, Rubi griff nach ihren Armen, um sich freizumachen. Er mochte keine Weibertränen, dieses Mädchen machte ihn nervös.

»Was meint ihr?«, fragte er die anderen.

»Wir können es probieren, vielleicht kommen wir wenigstens so nahe heran, dass wir ein Seil hochschießen können«, sagte Adolf Rubi. Sein Bruder war einverstanden.

Sie machten sich fertig, Adolf Rubi polsterte seinen Hut mit einigen Taschentüchern, um sich vor dem Steinschlag zu schützen, tastete sich an der glitschigen Wand entlang und schlug einen ersten Sicherungshaken. Er schrie hinauf in die Wand, Toni antwortete. Steine polterten herunter, eine kleine Schneelawine überstäubte Rubi, Meter für Meter schob sich die Seilschaft hinaus in die Wand. Aber dann kamen sie an einen Felsvorsprung, der nicht zu überwinden war. Luise sah, dass sie standen, sich die Köpfe mit den Rucksäcken und Seilen abdeckten.

»Wir schießen dir ein Seil hoch. Du musst es fangen!«

Adolf Rubi nestelte an seinem Rucksack, dann zischte es, und ein an eine Rakete gebundenes Seil raste an der Wand entlang und stieg in den grauen Himmel. Das Seil spannte sich, blieb einen Moment reglos und fing an, sich zu kringeln wie ein Schlange. Sturmböen fegten es hinaus in den Abgrund.

»Du musst es fangen!«, schrie Rubi.

Der Wind verschluckte Tonis Antwort.

Die Retter wiederholten die Operation, drei, vier Mal.

»Das hat keinen Sinn, der Vorsprung ist im Weg«, schrie Christian Rubi, und als die Lawinen wieder einsetzten, zogen die Retter sich zurück.

Reichssekretär von Manning war in der Zwickmühle. Vor ihm lag Görings Anweisung (»höchste Dringlichkeit!«), eine Maschine vom süddeutschen Geschwader »Falkenhorst« abzustellen und bei den Schweizer Behörden eine Fluggenehmigung für den eidgenössischen Luftraum einzuholen. Ein Unding. Noch skandalöser waren die Hintergründe, die von Manning in Erfahrung bringen konnte: Zwei Gefreite, die eine ganze Reihe von Dienstvorschriften der Wehrmacht verletzen, illegal ins Ausland reisen, gegen ausdrücklichen Befehl, aus reinem Übermut in eine Felswand einsteigen und prompt in Lebensgefahr geraten. Für die Rettung solcher Leute sollten nun alle Räder stillstehen und in einem Staat, der stolz auf Unbeugsamkeit und Objektivität war, eine Ausnahme gemacht werden? Ausnahmen waren von Manning ein Gräuel, sie waren für ihn Launenhaftigkeit, Eigensucht, Anarchie. Und nichts anderes war diese Schnapsidee, Leib und Leben für eine Kletterpartie aufs Spiel zu setzen. Das widersprach allen Prinzipien der Staatsräson, von Heeresdisziplin ganz zu schweigen.

Von Manning entstammte mecklenburgischem Landadel, einem Geschlecht von Großgrundbesitzern, hatte sich nach einer militärischen Laufbahn aber gegen die Übernahme des elterlichen Gutes und für den Dienst an der Allgemeinheit entschieden: Jurastudium und Beamtenlaufbahn. Er war dreiundsechzig Jahre alt, sechsfacher Vater, Protestant und Preuße: Disziplin, Gehorsam und Opferbereitschaft gingen ihm über alles, sie nährten den Staat, der für von Manning, ganz im Sinne Hegels, die Inkarnation des transzendenten Geistes darstellte. Von Manning hatte immer deutschnational gewählt, war seiner Frau treu (der wöchentliche Bordellbesuch zählte nicht: seit dem Klimakterium seiner Frau galten die ehelichen Pflichten als »ausgesetzt«) und verachtete Adolf Hitler. Weil dieser Österreicher war und den Namen Georg Wilhelm Hegel vermutlich noch nie gehört, geschweige denn seine Schriften gelesen hatte.

Seit 1933 war von Manning deshalb, zum ersten Mal in seinem Leben, in Gewissensnöten. Hitler hätte als Ausländer, wäre ihm nicht irgendein Landesfürst mit einer fadenscheinigen Einbürgerung beigesprungen, gar nicht Reichspräsident werden dürfen. Von Manning war immer für die kleindeutsche Lösung gewesen: hier Deutschland, geführt von der Großmacht Preußen, eine saubere, schmissige Sache, dort Österreich-Ungarn mit seinem Balkangulasch der Völker und Kulturen. Dass man auf Österreicher hörte, hatte schon einmal ins Fiasko geführt: Der Erste Weltkrieg hätte den Deutschen eine Lehre sein sollen.

Von Manning dachte an seine Soldaten, die reihenweise von Typhus, Gewehrfeuer und Giftgas dahingerafft worden waren – für einen österreichischen Krieg. Die Österreicher liebten Ausschweifung und Tändelei, wie schon ihre pompös-anzügliche Religion, die Spanische Hofreitschule und der Backenbart Franz Josephs zeigten. Für von Manning hatte der Katholizismus, mit seinem Weihrauch, seinen Prunkgewändern und der barocken Schwülstigkeit etwas Laszives an sich, eine Sinnlichkeit, derer man in Volk und Truppe schlecht Herr wurde. Sicher, bisher hatte Hitler es meisterhaft verstanden, religiöses Empfinden und

Massenhysterie für den Dienst am Staat zu kanalisieren. Aber das konnte schnell nach hinten losgehen. Diese beiden Bayern (Katholiken, natürlich!), die da nun in der Wand festsaßen, waren dafür ein schlagendes Beispiel.

Von Manning stand vom Schreibtisch auf, entzündete seine Pfeife und sah aus dem Fenster, hinaus in den nassen Hof an der Wilhelmstraße. Es hatte einen Temperatursturz gegeben, deshalb Hildegards Rheumaanfall. Hätte von Manning nicht einen ruhigen Lebensabend verdient? Jahrzehnte lang hatte er alles für sein Vaterland getan, und was war der Dank? Ich werde diese Anweisung nicht geben, dachte er, und wenn es mich die Pension kostet. Mit einem plötzlichen Gefühl der Erleichterung kehrte er an den Schreibtisch zurück, teilte seiner Vorzimmerdame mit, er wolle in den nächsten Stunden unter keinen Umständen gestört werden, und bearbeitete die Order eines neuen leichten Kampfbombers, den die Messerschmitt-Werke liefern sollten. Die nackten Zahlen zur Waffenstärke der deutschen Kampfeinheiten hatten stets eine lindernde Wirkung auf von Mannings überreiztes Gemüt.

21. Juli, 17 Uhr

Die Schweizer Bergretter hatten zwei Stunden im Stollen ausgeharrt. Jeder Schrei Tonis ließ sie heftig zusammenzucken.

Woher nimmt dieser Bursche noch die Kraft zum Schreien?, dachte Adolf Rubi. Er war jetzt vier Tage in der Wand, er musste völlig ausgelaugt sein.

»Bitte, es schneit nicht mehr«, flehte Luise, als sie kurz von ihrem kleinen Standplatz vor dem Stollenloch, wo sie immer wieder versuchte, Toni mit Zurufen Mut zu machen, hereinkam.

»Antwortet er noch?«, fragte Adolf Rubi, aber die Frage war überflüssig, denn man hörte Tonis Schreie bis in den Stollen.

Die drei machten sich bereit, nahmen noch einen Schluck von dem frischen Tee, den Allmen in seiner Hütte gebraut hatte, dann seilten sie sich aneinander.

Nach einer halben Stunde erreichten sie erneut das Ende des Bandes, wo ein Felsvorsprung wie eine gewaltige Beule aus der Wand ragte.

»Ich versuche, hier aufzusteigen und dann zu queren. Sollte das Band auf der anderen Seite weitergehen, steigt ihr mir nach«, sagte Adolf Rubi.

Er schlug über seinem Kopf einen Sicherungshaken, hängte Karabiner und Seil ein und suchte auf der vereisten Wand nach einem Griff. Nichts. Er legte den Rucksack ab, griff in einen Spalt, presste sich mit den Beinen gegen die Felswölbung und spürte, wie die anderen am Seil zogen, um ihm die Arbeit zu erleichtern. Er zog sich mit einer Hand am Sicherungshaken hoch, fand einen Tritt, wollte einen neuen Griff suchen und – rutschte ab. Es ging so schnell, er wusste nicht einmal, welcher Fuß ausgebrochen war. Das Seil zog sich um seine Taille zusammen, er fiel einen Meter in die Tiefe, und das gespannte Seil warf ihn gegen die Wand. Ein Schlag am Ellbogen, ein stechender Schmerz, der durch die eisige Kälte noch giftiger wirkte. Er stützte sich mit dem aufgeschürften Ellbogen an der Wand ab. Nichts schien gebrochen.

»Hast du etwas sehen können?«, fragte Christian.

Rubi schüttelte den Kopf.

Sie probierten es alle drei nacheinander, setzten noch einen Haken, einen Meter höher als den ersten, aber niemand kam über den Wulst im Fels hinweg. Stundenlang mühten sie sich ab, gingen immer wieder in Deckung, wenn sich Lawinen ankündigten, wagten sich vor, wenn es still wurde, aber der entscheidende Vorstoß wollte nicht gelingen.

Es begann bereits zu dunkeln, als Adolf Rubi von einem Stein getroffen wurde. Benommen ging er in die Knie und nahm den Filzhut ab. Die Polsterung hatte das schlimmste verhindert, doch an seinem Hinterkopf klaffte eine heftig blutende Platzwunde.

»Es hat heute keinen Sinn mehr«, schrie Schlunegger. »Wir müssen uns zurückziehen!«

»Stehst du sicher?«, schrie Adolf Rubi hinauf in die Wand, die Hände zu einem Trichter an den Mund gelegt.

»Ja«, kam die Antwort.

»Hältst du noch eine Nacht aus?«

»Nein!«

Die drei schauten einander an. Wieder kam eine Eislawine, eine Platte schlug neben Schlunegger auf, der sich gerade noch in einem Spalt versteckt hatte.

»Sobald es morgen früh dämmert, kommen wir zurück. Wir holen dich.«

Von oben kamen nur gellende unverständliche Schreie. Die drei beeilten sich, in den Stollen zu kommen.

»Sie können doch jetzt nicht einfach gehen«, sagte Luise.

»Wir müssen ausruhen. Wenn wir hierbleiben, hat ihr Verlobter auch nichts davon.«

»Verlobter.« Luise schaute den drei Männern nach, während das Wort in ihr nachhallte. Sie sah Toni, der ihr einen Ring auf den Finger steckt und sie mit feierlichem Ernst betrachtet, sie sah sich mit ihm auf einer Bank aus Birkenholz sitzen, ein Häuschen mit Garten, drei oder vier kleine Kinder, die auf der Wiese spielen. Das Bild hatte sie früher verschreckt, doch jetzt wirkte alles so selbstverständlich, richtig und schön. Sie war sich plötzlich sicher: Sie wollte ihr Leben mit diesem Mann verbringen.

Die drei rannten beinahe zurück zum Hauptstollen der Jungfraubahn, während Tonis Schreie in dem Tunnel widerhallten. Luise wandte sich entschlossen um und trat wieder auf das Plateau hinaus. »Toni, ich bin da.«

21. Juli, später Abend

Toni hing in seiner Sitzschlinge in der Höhle. Geschützt gegen Stein und Eis, das fast ununterbrochen die Wand herunterdonnerte, manchmal wurde er wie von Gischt bestäubt, wenn eine Lawine auf die Felsvorsprünge prasselte. Der Wind fegte in die Einbuchtung, zerrte an seinem Kragen, ließ ihn im Seil baumeln oder presste ihn gegen den Felsen.

Zuerst hatte die Schlinge Toni schmerzhaft in die Gesäßmuskeln geschnitten. In seinen Beinen kribbelte es, die Knie stachen. Seine eisverkrusteten Stiefel waren zentnerschwer. Er geriet in einen Dämmerzustand, aus dem ihn immer wieder die grauenvollen Bilder der vorletzten Stunden rissen – die Blutfontäne, die aus Andreas' Mund geschossen war, das weiße Schienbein, das aus Angerers zerfetzten Muskeln geragt hatte. Immer wieder glaubte er das Knarren der Seile und das Knacken der Knochen zu hören. Ein zerschmetterter, seit Wochen vermisster Kamerad, den er einmal zufällig bei der Rast in einer Felsspalte gefunden hatte, ein anderer, den man abends auf einem Eselkarren unter seinem Fenster vorbeigezogen hatte, ein Gefreiter, der bei einer simplen Kletterübung aus einer Sicherungsschlinge gerutscht und mit dem Rücken auf einen Felszacken gestürzt war, sie alle zogen wie in einer Prozession vor seinem inneren Auge vorbei. Zerschmetterte Schädel, von Vogelbissen zerstörte Gesichter.

Ich will nicht sterben, dachte Toni, und er spürte, wie alles taub wurde in ihm, das Blut sich zurückzog in die inneren Organe, sein Herzschlag erlahmte.

Manchmal konnte er die Lichter des Hotels Bellevue auf der Kleinen Scheidegg erahnen, sie schienen zum Greifen nahe, nicht einmal einen Kilometer entfernt. Fußböden, auf denen man stehen, Betten, in denen man liegen konnte. Jemand würde kommen, um ihn zu retten, vielleicht sogar Luise, deren Stimme er manchmal im Fauchen der Böen hörte.

Toni fiel ein, dass er einen Handschuh verloren hatte, die Hand aufwärmen musste, aber er spürte diese Hand nicht mehr, er griff danach, zwickte ins Fleisch: Nichts. Kein Schmerz. Da! War das nicht wieder Luises Stimme? Er wollte sich aus der Schlinge befreien, sich bewegen. Auf dem kleinen Felsabsatz würde er stehen können. Er musste nur das Sicherungsseil enger binden. Aber er zitterte so stark, dass ihm die Zähne weh taten. Toni kauerte sich wieder zusammen. Das Zittern ließ nach. Selbst dafür reichte seine Energie nicht mehr. Sein Körper bereitete sich aufs Sterben vor. Ich will nicht sterben, dachte er wieder. Bewegen! Bewegen! Er versuchte es noch einmal, aber seinen steif gefrorenen Fingern gelang es einfach nicht. Er wollte sich ja bewegen. Aber er schaffte es nicht, den Karabiner zu öffnen, um aus der Sitzschlinge steigen zu können. Du musst wenigstens deine Hand retten, sagte sich Toni. Mit nur einer Hand würde er nicht klettern können. Er schlug mit der linken auf die rechte Hand, versuchte, den einzigen Handschuh über die Rechte zu ziehen, aber auch das gelang ihm nicht. Er spürte die dicken Blasen, die sich um die Fingernägel gebildet hatten. Der Wind hätte den Handschuh fast fortgerissen, doch Toni war schneller und zog ihn mit den Zähnen wieder auf die linke Hand. Er sank zurück, ruhte sich aus und dachte nach. Was war es noch, was er hatte tun wollen? Genau: Die Hand aufwärmen. Als er wieder Kraft geschöpft hatte, wollte er sie unter die Jacke schieben. Er griff nach dem Arm, in dem er so wenig Kraft hatte, da entfuhr ihm ein tiefer Laut: Nicht nur die rechte Hand, der ganze Arm war inzwischen taub, abgestorben!

»Holt mich hier raus!«, schrie er. Was hätte er dafür gegeben, wenn jetzt Andreas noch bei ihm gewesen wäre, wenn er wenigstens nicht allein krepieren musste. Er dachte an seinen Großvater, seine Großmutter, denen er versprochen hatte, wiederzukommen. Er dachte an Luise, an seine Mutter. Wie sie in den Überlandbus stieg, in der Hand den billigen braunen Koffer aus Pappe. Im Sonntagskleid, unter den blühenden Kastanien, der schwere süßliche Duft. Du musst jetzt vernünftig sein!, hatte sie gesagt. Vernünftig!

Sie wird wiederkommen, hatte der Großvater gesagt und gutmütig genickt. Sie kam nicht wieder. Nur noch einmal sehen will ich dich, Mutter. Keine Erklärungen, keine Entschuldigung, einfach noch einmal deine Hand an meinem Hinterkopf. Wo jetzt der Fels drückt. Und Luise. Wie sie damals so sorglos über die Felsen getanzt war, ohne die Tritte zu kontrollieren, wie sie geplaudert hatte, statt sich zu konzentrieren, und plötzlich aus der Wand gefallen war. Ihr erschrockenes Gesicht, wie ein verängstigtes hilfloses Tier hatte sie ihn damals angestarrt. Er schrie, erst später hatte er begriffen, wie wild er geschrien hatte. Aus Angst um sie. Nicht weil er sie beschimpfen wollte. Es war keine Wut gewesen, nur Angst. Das hatte er ihr nie gesagt. Das musste er ihr noch sagen. »Es tut mir leid, Luise«, schrie

Toni. Und hätte er ihr nur einmal geantwortet auf einen ihrer Briefe! Er hatte geglaubt, er könne nicht, es brannte wieder so in seinem Magen. Luise in Berlin, Ausdruckstanz, verruchte Fotoateliers, diese fremde, falsche Welt, für die sie sich entschieden hatte. Was gibt es in Berlin, was er nicht hatte?

Es war längst dunkel geworden. Toni hoffte, er würde wenigstens einschlafen, auch wenn er dann erfror. Alles war besser als dieses sinnlose Warten in der eisigen Finsternis. Diese quälenden Gedanken. Warum konnte nicht einmal sein Hirn Ruhe geben?

Die Kälte ließ allmählich nach, die tauben Glieder schwiegen, es breitete sich sogar ein angenehmes Gefühl von Wärme in ihnen aus.

22. Juli, 2 Uhr morgens

Von Manning wälzte sich unruhig in seinem Bett hin und her und lauschte auf das stoßweise Atmen seiner Gattin. Sie musste unerträgliche Schmerzen haben. Seit Jahren litt sie an diesen Rheumaanfällen und war darüber unleidlich geworden. Von Manning stand auf, holte ihre Tropfen, ein Glas Wasser, ein Schafsfell, dann einen Eiskübel. Als endlich Ruhe eingekehrt war, läutete um halb drei das Telefon, von Manning schreckte hoch, mit einem unguten Gefühl, und ehe er einschreiten konnte, war das Hausmädchen an den Apparat gegangen. Sie pochte vorsichtig an die Tür, und von Manning schlüpfte in die Lederpantoffeln und den Morgenmantel.

Fräulein Hartmuth, eine früh gealterte Potsdamerin aus gutem, aber verarmtem Hause, sah furchtbar aus in dem harten Licht der Korridorlampe, sie war leichenblass, ihr Versuch, das verstrubbelte Haar unter einer Haube zu verbergen, war auf pathetische Art gescheitert. Mein Gott, dachte von Manning, was einem alles zugemutet wird.

»Der Herr Minister ist außer sich«, sagte sie.

Von Manning nahm den schweren Hörer. Göring tobte.

»Sie werden auf der Stelle ins Ministerium fahren und alles Nötige veranlassen, Sie Clown! Die Bergwachtgruppe München steht seit gestern bereit und wartet auf ein Flugzeug.«

Von Manning kleidete sich hastig an und ließ den Wagen vorfahren. Er würde seinerseits den Schweizer Botschafter aus dem Bett holen müssen, wegen der Flugerlaubnis. Eine unangenehme Geschichte.

Es dauerte eine halbe Stunde, vom Westend in die Wilhelmstraße zu kommen, aber um halb fünf war die Sache geregelt. Um fünf Uhr startete die Maschine mit acht Mann der »Bergwacht« unter der Leitung von Richard Siebenwurst. Die Münchner Mannschaft galt als die beste ihrer Zeit. Auch der Bruder des verunglückten Karl Sedlmayr war an Bord. Gegen acht Uhr landete das Flugzeug in Belpmoos bei Bern.

22. Juli, 6.30 Uhr

Die Rubi-Brüder und Schlunegger waren im Morgengrauen aus Alpiglen aufgebrochen. Der Sturm hatte sich gelegt, es war fast windstill. Bei diesen Bedingungen konnten sie Toni aus der Wand holen. Falls dieser noch lebte, was, darin waren sich alle drei einig, nahezu ausgeschlossen war. Als sie mit Allmen an das Stollenloch kamen und die Tür öffneten, blendete sie das Tageslicht, das durch Dunst und Schleierwolken strahlte. Leichter Nieselregen.

»Lebt er noch?«, fragte Adolf Rubi.

Allmen zuckte nur die Achseln.

»Wenn er tot ist, lassen wir ihn auch nicht da oben hängen«, schaltete sich Schlunegger ein.

Sie traten hinaus auf das Plateau und erstarrten.

Vor ihnen hockte Luise, das Gesicht zwischen den Knien verborgen. Sie war mit Schnee überstäubt und schlotterte.

»Fräulein Fellner!« Adolf Rubi tippte sie an, sie bewegte sich nicht.

»Helft mir mal!«

Sie griffen sie zu zweit unter den Achseln und zogen sie hoch. Sie schrie auf vor Schmerz. »Toni, Toni, er lebt, haben Sie ihn gesehen? Haben Sie ihn geholt?«

»Mädchen, kommen Sie zu sich!«, rief Rubi. Luise versuchte sich freizumachen. Aber sie hielten sie zu viert.

»Er lebt, Toni lebt! Toni! Toni!«

Sie schrie seinen Namen aus Leibeskräften, aber heraus kam nur ein Krächzen.

»Sie ist unterkühlt, ein Wunder, dass sie nicht abgestürzt ist«, sagte Christian Rubi, und zu Allmen gewandt: »Legen Sie sie in ihre Hütte. Sie müssen Bauch und Brust wärmen.«

»Nein«, krächzte Luise, »ich bleibe hier. Jetzt tun Sie doch etwas, warum stehen Sie hier rum?«

Als sie Luise mit Gewalt wegschaffen wollten, stemmte sie sich mit den Beinen gegen den Türrahmen, schlug um sich. Schließlich durfte sie am Eingang des Stollenloches warten. Allmen holte die Decken aus seiner Hütte, wickelte das Mädchen ein und hielt es im Arm.

»Toni«, schrie Rubi hinauf, während sie wieder die Sicherungsseile anlegten. Keine Antwort.

»Toni, wir holen dich jetzt runter.«

22. Juli, 6.50 Uhr

Toni zuckte zusammen, er hörte Stimmen, sie drangen von ganz weit her in seine Träume. Und störten ihn. Es dauerte lange Minuten, bis Toni den Sinn dieser Rufe verstand. Sie kamen! Sie würden ihn holen! Jetzt musste er nur noch antworten. Aber das war nicht so leicht. Seine Zunge lag schwer im Kiefer. Er brachte nur ein tiefes Röhren heraus.

»Das glaub ich nicht!«, rief Adolf Rubi. Dieser Anton Kurz war vier Nächte in der Wand, ohne jeden Schutz, ohne Nahrung und Wärme, festgebunden im Sturm.

»Toni, du bist der zäheste Hund, der uns je untergekommen ist«, rief Schlunegger.

Sie überwanden den Vorsprung, an dem sie am Vorabend gescheitert waren. Die Kanten und Griffe waren nicht mehr vereist und ließen sich sicher greifen. Hinter dem Vorsprung setzte das Band sich fort, und sie konnten queren.

Von hier aus sahen sie ihn zum ersten Mal. Etwa fünfzig Meter über sich. An seinen Füßen lange Eiszapfen, auch an den Hosenbeinen, sogar an einer Hand. Das Gesicht unter Mütze und Kapuze war tiefschwarz, wie sie es bei Erfrierenden schon oft gesehen hatten. Dass dieser Mann noch lebte, grenzte an ein Wunder.

Aber der Aufstieg war unmöglich. Über dem leicht geneigten Sockel schichteten sich Überhänge und glatte Platten.

»Du musst erst einmal etwas essen, wir haben auch Tee. Lass uns eine Reepschnur herunter.«

»Keine … Schnur.« Tonis Worte ließen sich nur erraten.

Die Helfer versuchten es noch einmal mit Raketen, aber Toni bewegte kaum den Kopf, sein Arm griff ins Leere, viel zu spät.

»Unter dir hängt ein Seilrest, du musst die Litzen aufdrehen und zusammenknoten«, schrie Rubi.

Toni verstand, was sie meinten. Seil heraufholen, Litzen aufdrehen. Er tastete mit dem linken Arm an seinem Bauch, bis er ein steifes, hartgefrorenes Etwas fand. Er bog es zur Seite.

»Ja, das ist es, das ist das Seil«, schrie Rubi, »zieh es hoch zu dir.«

Toni versuchte, das Seil mit beiden Armen zu greifen, auch wenn die Hand nicht mehr funktionierte, konnte er vielleicht den rechten Arm als Ablage benutzen, aber er bewegte sich immer noch nicht. Also mit dem linken. Toni zog, das Seil war schwer wie Blei, aber er musste es hinter seinen Kopf bekommen, um es zu blockieren. Er schlang es sich um den Nacken und schrie vor Schmerz. Einfacher war, darauf zu beißen. Also holte er es ein, indem er immer wieder darauf biss. Das Seilende war zerfranst, Eiszapfen hingen daran. Toni biss einen nach dem anderen ab, lutschte an dem Ende, bis es aufweichte, und grub die Zähne hinein.

Nach drei Stunden hatte Toni das Seil in drei Litzen aufgedröselt und sie aneinandergebunden, so dass es bis zu den Helfern herunter reichte.

»Da«, sagte Christian und stieß seinen Bruder an. Das Schnurende tanzte über Felsnasen und Überhänge und blieb, drei Meter von der Wand entfernt hängen. Adolf ließ sich von seinem Bruder halten, lehnte sich weit hinaus und angelte sich die Schnur mit dem Eispickel.

»Toni, du hast es geschafft«, schrie er hinauf. Sie hatten geglaubt, am Berg schon alles gesehen zu haben: Vor Hunger und Erschöpfung wahnsinnig gewordene Touristen, Schneeblinde, die auf allen vieren Richtung Tal krochen, Bergsteiger, die auf gebrochenen Fußknöcheln gingen, aber diese Rettung übertraf alles.

Nach und nach schwebten eine Kanne mit Tee, Brot- und Speckstücke nach oben, außerdem Mauerhaken. Den Tee verschüttete Toni vor Gier und Entkräftung. Ein paar Tropfen benetzten seine Zunge, sie schmeckten nach nichts, brannten nicht einmal. Den Speck konnte er nicht kauen, und als die Haken oben ankamen, schrie Toni:

»Nein, ich kann nicht mehr, ich kann nicht klettern!«

»Wir können nicht hoch zu dir. Du musst dich abseilen.«

»Seil!«, schrie Toni.

Wieder kam die Reepschnur. Die Helfer banden ihr längstes Seil daran, und sahen zu, wie es sich abwickelte. Toni war zwar langsam, aber es unterlief ihm kein Missgeschick. Nie entglitt ihm die Schnur, nichts ließ er fallen.

Doch plötzlich war das Seil zu Ende, das Ende schwebte hinauf.

»Halt, Toni, hast du den Anfang vom Seil?«, schrie Schlunegger.

»Nein.«

Die Helfer schauten einander fassungslos an. Sollten sie sich so verschätzt haben mit der Entfernung? Undenkbar.

»Christian«, schrie Adolf Rubi, »welches Seil hast du genommen?«

»Ich dachte, es wäre das Sechzig-Meter-Seil.«

»Dachtest du? Das sind dreißig Meter, du Hornochse.«

»Ich dachte …«

»Spürst du das denn nicht am Gewicht?«

Adolf Rubi stieß wüste Beschimpfungen aus. Toni schien nichts zu hören, sein Gesicht war eine schmerzverzerrte Grimasse, die schräg in den Himmel starrte.

Schlunegger versuchte, die beiden Brüder zu beruhigen und wandte sich an Toni:

»Das Seil ist zu kurz, wir müssen noch eines daran binden!«

Toni ließ das Ende wieder herab und Christian Rubi band ein zweites Dreißig-Meter-Seil an das erste.

»In Ordnung, du kannst es hochziehen.«

Langsam wickelte es sich ab. Dann geschah lange nichts. Der Himmel riss auf, der Nieselregen schillerte in allen Farben des Regenbogens. Ein Autobus kam aus dem Tal auf die Kleine Scheidegg gefahren. »Alpar Suisse« stand auf der Flanke. Die Rettungsmannschaft aus Deutschland.

22. Juli, 11 Uhr

»Ich komme!«, schrie Toni.

Toni hatte das Seil in den Sicherungshaken an der Wand gebunden, dann durch seine Beine und über die Schulter gezogen. Da er kaum noch Kraft zum Bremsen hatte, zog er das Seil auch noch durch den Karabinerhaken an seinem Gürtel, um die Reibung zu erhöhen. Er nahm das Seil zwischen die Zähne und in die Hand, öffnete ein wenig den Griff, das Seil rutschte durch seinen Mund, der trockene Hanf kitzelte auf seiner Zunge, die lange schon nichts mehr schmeckte, aber in Tonis Vorstellung roch er nach Heuboden und Staub. Nach Heimat. Und dieser Geschmack gab ihm neue Kraft.

Noch ein paar Meter, und er war unten. Bei Luise. Gedämpftes Licht hinter geschlossenen Fensterläden, die Julisonne auf der Hausmauer, Kinder, die auf der Straße spielen. Er dachte an den Duft des Bohnerwachses, die Dielen, die schimmerten. Man würde ihn in Daunen packen, in trockene leichte Gänsedaunen. Er würde Konvulsionen haben wie bei einem epileptischen Anfall, schwere Unterkühlung, das hatte er schon einmal erlebt. Ein Gefühl, als würde man langsam gesotten werden. Er würde einfach nur liegen und warten und Luises Wärme spüren.

Plötzlich ging ein Ruck durch das Seil. Toni hing fest.

Die Retter hatten Tonis Beine herabschweben sehen, er war hinter dem Überhang verschwunden und dann, sich mit den Beinen sachte abstoßend, über die Kante gekommen. Noch fünf Meter, vier ... Unglaublich, wie beherrscht er agierte. Er war zum Greifen nahe, und dann ging es nicht weiter. Der Knoten, der die beiden Seile verband, war zu groß und deshalb im Karabiner hängen geblieben.

Richard Siebenwurst stieg mit seinen Männern aus dem Bus. Sie hatten ausgezeichnetes Material bei sich: Steigeisen, nagelneue Seile und leichte Stahlhaken. Außerdem Medikamente gegen Unterkühlungen und Kreislaufschwäche. Sie wollten einen Sonderzug der Jungfraubahn, doch das war nicht nötig: der nächste fahrplanmäßige Zug stand schon bereit.

22. Juli, 11.20 Uhr

»Du musst den Knoten entlasten«, schrien Schlunegger und die Rubi-Brüder. »Nur ein bisschen ziehen, dann rutscht er durch.«

Toni biss in das Seil, zog mit den Zähnen und einem Arm, aber der Knoten bewegte sich nicht. Er hätte seinen zweiten Arm gebraucht, um den Knoten in die weite Öse des Schnapprings zu schieben, doch der hing noch immer reglos an ihm herab. Und wenn er sich ein paar Zentimeter hoch zog, nur mit den Zähnen hielt und den linken Arm für den Knoten nutzte? Noch einmal zog er, mit Kopf und Arm, hielt sich allein mit den Zähnen, lockerte den Griff des Armes: Er schaffte es, seine Zähne waren stark genug. Sein Kopf zitterte, seine Nackenmuskeln verkrampften sich, er würgte, das dicke Seil im Mund, die geschwollene

Zunge quälten ihn, mit der linken Hand fand er den Knoten, schob ihn durch den Karabinerhaken. Nein, unmöglich, seine Zähne rutschten ab, er schmeckte Blut im Mund, hing wieder kraftlos im Seil, hielt sich mit der linken Hand, um nicht zu kippen.

»Toni, du hast es fast geschafft, du hast den Knoten entlastet«, schrie Adolf Rubi. Es war zum Wahnsinnigwerden.

»Toni!«, schrie Luise vom Stollenloch. Dann zu Allmen: »Lassen Sie mich zu ihm.«

»Das hat keinen Sinn, Sie können nicht allein über das Band klettern.«

Luise strampelte verzweifelt und schlug auf Allmen ein, der sie jedoch in sicherem Griff hatte.

Toni versuchte es noch einmal, und noch einmal, Luises Stimme entfernte sich, er musste sich nur noch ein wenig ausruhen, verschnaufen, dann würde er dieses letzte Hindernis auch noch überwinden. Bei dem Glück, das er hatte.

»Luise, ich werde alles wieder gutmachen«, schrie er, es brach aus ihm heraus, mit letzter Energie. »Ich werde alles tun, damit du mir verzeihst. Deine Briefe …«

Etwas arbeitete in ihm, sein Puls raste, er würde Luise beweisen, dass er nicht der gefühllose Granitblock war, für den alle ihn hielten.

Die Retter schauten verblüfft, wagten aber nicht, Toni zu rufen.

»Es gibt nichts zu verzeihen«, schrie Luise.

Toni horchte der Antwort lange nach, und ihr Sinn erfüllte ihn mit einem tiefen Frieden. Sein Gesicht entspannte sich, seine Arme, Beine. Sogar sein Herzschlag beruhigte sich wieder. Alles kam ihm gut und richtig vor. Natürlich: Seine Mutter, empfindsam und stolz, zutiefst verletzt, verlassen wie er, gehetzt vom Klatsch der Leute, ihrem falschen Lächeln, die Kirchenbank für die gefallenen

Mädchen, seine Mutter. Er hätte ihr den Brief schicken müssen.

»Luise«, schrie er.

»Ja.«

»In meinem Zimmer, im Papierkorb, da liegt ein Brief.«

»Ich kümmere mich darum«, schrie Luise. Durch Tonis Glieder ging eine Welle, wie lauwarmes Wasser, so sanft und weich, und dann war alles still.

Bis ein Pfiff aus der Station Eigerwand kam. Der Zug mit der Bergwachtgruppe aus München war eingetroffen.

»Ich kann nicht mehr«, sagte Toni, dann verlor er den Halt, kippte nach vorne und hing, leblos wie ein Stück Holz, quer im Seil.

Die Retter schauten einander an, sagten kein Wort. Luise biss auf ihre Faust.

22. Juli, 11.45 Uhr

Um Viertel vor zwölf traf Richard Siebenwurst mit seiner Münchner Mannschaft ein, er ließ sich von den Schweizern ins Bild setzen und traf seine Anordnungen für die Bergung der Leichen.

Auch Fotoreporter und sensationsgierige Touristen kamen durch den Seitenstollen. Unter ihnen war Arau. Er nahm Luise in den Arm und führte sie zur Bahn. Luise fürchtete, er würde sie allein lassen, würde sich der Meute anschließen, um ein Foto von Tonis Leiche zu schießen. Aber er setzte sich neben sie, hielt sie im Arm und schwieg.

»Es tut mir leid, Kindchen«, sagte er schließlich, als der Zug anfuhr und der nackte Fels, im Licht der spärlichen Laternen wirre Schemen werfend, außen an den Scheiben vorüberzog.

»Natürlich sind die Fotos nicht so wichtig wie Menschenleben.«

Luise wurde von einem Weinkrampf geschüttelt.

»Deutschland wird diese Männer nie vergessen, glauben Sie mir. Ich bringe Sie heim, zurück nach Berlin.«

Sie löste sich aus seinem Arm und unterdrückte ihr Schluchzen. Plötzlich war sie ganz ruhig und kalt. Sie schaute ihn an. Seine aschgrauen Tränensäcke, das protzige lederne Zigarrenetui, das in seiner Brusttasche steckte, gefüllt mit billigen Juno, für die er sich schämte.

»Als Sie sagten, Sie würden sich in mir wiedererkennen, meinten Sie nicht den Journalisten, oder?«

Arau sah hinaus, ins Nichts.

»Sie haben früher auch einmal etwas riskiert«, hakte Luise nach.

»Ich habe kleine Kinder.«

Sie nickte.

Die Münchner Retter arbeiteten sich unterdessen an die Stelle vor, über der Toni hing, banden ein Messer an eine lange Stange und schnitten das Seil durch. Die Leiche von Anton Kurz fiel in die Tiefe.

Tagelang suchten die Retter den Wandsockel nach den Leichen ab, fanden aber nur die sterblichen Überreste von Angerer und Rainer. Tonis Leiche wurde einen Monat später von Reichenhaller Gebirgsjägern in einer Kluft am Fuße der Nordwand entdeckt. Die Suche nach Andreas Hinterstoisser musste im September abgebrochen werden. Erst im Juli 1937 wurde er von einer deutsch-österreichischen Seilschaft gefunden.

New York, 1949

Luise holte den Film aus dem Entwickler und betrachtete ihn vor der Lampe. Sie hatte sich nicht getäuscht: eine großartige Serie. Hektisch baute sie den Vergrößerer auf und machte die ersten Abzüge.

Der Junge hatte fleischige Lippen und die typische breite Nase der Schwarzafrikaner. Um seine Augen blitzte diese Energie, dieser unbändige Wille und eine verborgene tiefe Sehnsucht. Das war es, was sie an Toni erinnert hatte. Luise schlug das Tourenbuch auf. Sie selbst hatte in Tonis Skizze der Nordwand die wichtigsten Stationen nachgetragen: die Biwakplätze, den Umkehrpunkt, die Unglücksstelle und das Stollenloch. Ein schwarzes Kreuz links daneben, das Kreuz für Toni. Den Brief an seine Mutter hatte sie damals tatsächlich in Tonis Zimmer gefunden. Unzählige Schnitzel, die sie in mühsamer Kleinarbeit zusammensetzte und dann an Tonis Mutter schickte. Sie blätterte auch die leeren Seiten durch. Wie viele Touren hätte er noch machen können.

Mit dem Finger fuhr sie zärtlich über die krakelige Bleistiftspur auf der allerletzten Seite: »18. Juli. Wir gehören zusammen.« Wie oft hatte sie diesen Satz gelesen seit damals! Wie hatte er sie immer aufgewühlt. In all den Jahren hatte Luise sich immer wieder Vorwürfe gemacht: weil sie nach Berlin gegangen war, weil sie die Sensationsgeschichte liefern wollte. Das alles schien zu Tonis Entscheidung beigetragen zu haben, in die Wand einzusteigen. Hätte sie damals unter dem Seil hart bleiben müssen? Wenn sie ihn gezwungen hätte, herunterzukommen, weiterzuleben, um ihr zu beweisen, dass er seine Sturheit bereute, zu beweisen, dass er sie liebte, wie sie ihn …

Unsinn. Sie las noch einmal den schlichten Satz: »Wir gehören zusammen«, und plötzlich erfüllte sie eine unbeschwerte Freude.

Als das Telefon klingelte, stürzte Luise an den Apparat. Es war Ernest. Ob sie Zeit habe für ihn. Sie lachte.

»Ja, natürlich«, sagte sie und wischte sich eine Träne ab.

Ernest war verdutzt und lachte ebenfalls.

»Ich bin in einer halben Stunde bei dir«, sagte er.

Luise schaute wieder hinaus in den Schneeregen, der vor den Straßenlaternen tänzelte. Eine U-Bahn kreischte in der Ferne, Autohupen.

»Fahr vorsichtig, es könnte glatt werden«, antwortete Luise und legte auf.

Sie steckte sich eine Zigarette an und trat hinaus auf die Terrasse. Die kalten Böen ließen sie frösteln.

Epilog

1938, zwei Jahre nach dem Tod von Andreas Hinterstoisser, Anton Kurz, Eduard Rainer und Willy Angerer wurde die Nordwand zum ersten Mal durchstiegen. Wieder war es Juli, wieder handelte es sich um eine Viererseilschaft aus Deutschen und Österreichern: Andreas Heckmair, Ludwig Vörg (Deutschland) sowie Fritz Kasparek und Heinrich Harrer (Österreich) gelang eine von der Nazi-Propaganda bejubelte Heldentat. In der ersten Auflage seines Erfolgsbuches »Die weiße Spinne« schrieb Harrer damals: »Wir sind über den Gipfel emporgestiegen, bis zu unserem Führer.«

Seitdem hat es eine Vielzahl von Besteigungen gegeben, auch im Winter oder auf »Direttissima«-Routen, die fast lotrecht, ohne Umgehung klettertechnischer Extremstellen aufsteigen.

Die Ausrüstung ist heute um ein Vielfaches effizienter und leichter, Nylonseile, atmungsaktive Kunstfaserkleidung, Leichtmetallsteigeisen und spezielle Sportlernahrung vermindern den Kraftaufwand. Auch haben sich durch die Klimaerwärmung die Eisfelder verringert, und im Felsen findet man zahlreiche Haken, Seilreste und Hilfsmittel vorangegangener Expeditionen.

Dennoch hat die Nordwand des Eigers bisher fünfundfünfzig Menschenleben gekostet, und noch heute ist nur eine ganz kleine Elite ihren Anforderungen gewachsen. Jon Krakauer, ein herausragender Vertreter der schreibenden Kletterer, versuchte sich vor einigen Jahren an der Nordwand, verzweifelte an ihren Launen und war froh, als das Wetter so schlecht wurde, dass er ruhigen Gewissens aufgeben konnte.

Anfang 2008 unterbot der Schweizer Ueli Steck auf dieser Route seinen eigenen Geschwindigkeitsrekord. Er brauchte für den Aufstieg auf der Heckmair-Route zwei Stunden, siebenundvierzig Minuten und dreiunddreißig Sekunden.

»Der Firnschnee war heute sensationell«, sagte er danach.

Nachbemerkung

Dies ist ein Roman. Er basiert auf dem Drehbuch von Benedikt Röskau, Christoph Silber, Rupert Henning, Philipp Stölzl und Johannes Naber und versucht, ebenso wie der gleichnamige Film von Philipp Stölzl, die Geschichte des Erstbesteigungsversuches der Eigernordwand im Jahr 1936 möglichst genau nachzuerzählen. Viele Reporter und Zeitzeugen beobachteten und schilderten die dramatischen Ereignisse damals. Der Autor hat auch diese Quellen benutzt, um so nahe wie möglich an der Realität zu bleiben. Wo verbürgte Informationen fehlen, hat er sich jedoch die Freiheit eines jeden Autors genommen, seiner Phantasie freien Raum zu lassen.

Literatur

Die Literatur zur Eigernordwand und zum Bergsteigen allgemein ist uferlos. Bei aller Tendenz zum Extremsport – Bergsteiger sind oft musisch veranlagte Menschen, die ausgezeichnete Bücher schreiben. Zur ersten Orientierung mögen dienen:

Anker, Daniel: Die vertikale Arena, Zürich 2000
Harrer, Heinrich: Die weiße Spinne, Berlin 2005
Heckmair, Anderl: Eigernordwand, Grandes Jorasses und andere Abenteuer, Zürich 1999
Krakauer, Jon: Auf den Gipfeln der Welt, München 2006
Krakauer, Jon: In eisigen Höhen, München 2007
Messner, Reinhold: Mein Leben am Limit, München 2005
Perfahl, Jost: Kleine Chronik des Alpinismus, Rosenheim 1999
Salter, James: In der Wand, Berlin 1999
Simpson, Joe: Im Banne des Giganten. Der lange Weg zum Eiger, München 2005

Darsteller & Stab

Toni Kurz	Benno Fürmann
Luise Fellner	Johanna Wokalek
Andi Hinterstoisser	Florian Lukas
Willy Angerer	Simon Schwarz
Edi Rainer	Georg Friedrich
Henry Arau	Ulrich Tukur
Emil Landauer	Erwin Steinhauer
Albert von Allmen	Branko Samarovski
Elisabeth Landauer	Petra Morzé
Hans Schlunegger	Hanspeter Müller-Drossaart
Adolf Rubi	Peter Zumstein
Christian Rubi	Martin Schick
Redaktionsleiter	Klaus Ofczarek
Redakteur Henze	Martin Brambach
u.v.a.	

Regie	Philipp Stölzl
Produzenten	Boris Schönfelder
	Danny Krausz
	Rudolf Santschi
	Benjamin Herrmann
Drehbuch	Christoph Silber
	Rupert Henning
	Philipp Stölzl
	Johannes Naber
Drehbuchvorlage	Benedikt Röskau
Kamera	Kolja Brandt
Production Design	Udo Kramer

Kostüme	Birgit Hutter
Maske	Kitty Kratschke
	Connie Sacchi
	Daniela Skala
Musik	Christian Kolonovits
Schnitt	Sven Budelmann
Visual Effects	Stefan Kessner
	Max Stolzenberg
Ton	Heinz Ebner
Sound Design	Guido Zettier
Mischung	Tschangis Charokh
	Christian Bischoff
Herstellungsleitung	Manfred Fritsch
Produktionsleitung	Alfred Deutsch
	Thomas Konrad
Redaktion	Hubert von Spreti
	Bettina Reitz
	Jörn Klamroth
	Heinrich Mis
	Lilian Räber
	Christof Stillhard
Co-Produzenten	Theo Baltz
	Gerd Huber
	Stephan O. Hansch
	Kurt Stocker

Eine Produktion der

DOR FILM · WEST

in Coproduktion mit

MedienKontor . Movie

DOR FILM

MAJESTIC

TRILUNA FILM

LUNARIS

BR ARD Degeto

SF Schweizer Fernsehen SRG SSR idée suisse

gefördert mit Mitteln von

FFA FFF Bayern film INSTITUT

ORF Film/Fernseh-Abkommen medienboard Berlin-Brandenburg GmbH Filmstiftung Nordrhein-Westfalen

Deutscher Filmförderfonds

Schweizerische Eidgenossenschaft
Confédération suisse
Confederazione Svizzera
Confederaziun svizra

Eidgenössisches Departement des Innern EDI
Bundesamt für Kultur BAK

Zürcher Filmstiftung

im Verleih von

MAJESTIC

Bildnachweis

S. 1 Aus: Eiger. Die vertikale Arena. Hg. v. Daniel Anker, Zürich 2000
S. 5 (oben): Kolja Brandt
S. 10, 11, 12 (oben), 15 (oben): Filmstills

Alle anderen Fotos: Nadja Klier

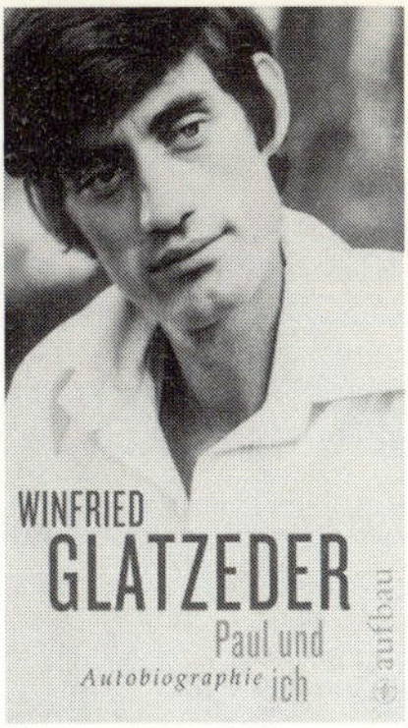

Winfried Glatzeder / Manuela Runge
Paul und ich
Autobiographie
Mit 59 Abbildungen
238 Seiten. Gebunden
ISBN 978-3-351-02665-3

Ein Filmleben zwischen Ost und West

Winfried Glatzeder gehörte zu den beliebtesten Schauspielstars der DDR – mit seinem markanten Gesicht avancierte er zum »Belmondo des Ostens«. Nun erzählt er amüsant und authentisch sein Leben auf Leinwand und Bühne zwischen Berlin, Hamburg, Düsseldorf. Mit bissigem Witz und ironischem Charme berichtet Glatzeder von seiner Nachkriegskindheit im Ostsektor Berlins und den Anfängen seiner Schauspielkarriere, als er u. a. mit Armin Mueller-Stahl 1966 »Ein Lord am Alexanderplatz« dreht. Nach »Zeit der Störche« und »Der Mann, der nach der Oma kam« gelingt ihm 1973 an der Seite von Angelica Domröse im DEFA-Kultfilm »Die Legende von Paul und Paula« der Durchbruch. Doch seine Arbeit gerät immer wieder in das Blickfeld der Stasi. 1982 zieht Glatzeder mit seiner Familie nach West-Berlin. Es folgen Krisen, die sich in Alkoholproblemen und kreativer Erschöpfung niederschlagen. So erzählt die Autobiographie 35 Jahre nach »Paul und Paula« auch von künstlerischer Identitätsfindung und den Schwierigkeiten eines Schauspielerlebens zwischen Ost und West.

»Jede Rolle hat mit mir zu tun – egal ob Mörder, Lüstling, Geizkragen oder idealistischer Phantast.« Winfried Glatzeder

Mehr Informationen erhalten Sie unter
www.aufbau-verlagsgruppe.de oder in Ihrer Buchhandlung

aufbau
AUFBAU VERLAGSGRUPPE